以知为力　识见乃远

莫家浩 著

臆造南洋

马来半岛的
神鬼人兽

中国出版集团 东方出版中心

图书在版编目（CIP）数据

臆造南洋：马来半岛的神鬼人兽 / 莫家浩著.
上海：东方出版中心, 2024. 11. - - ISBN 978 - 7 - 5473
- 2556 - 8

Ⅰ. G133；K330.8
中国国家版本馆CIP数据核字第2024AU7354号

上海市版权局著作权合同登记：图字09-2024-0737号

臆造南洋：马来半岛的神鬼人兽

著　　者　莫家浩
策　　划　王欢欢
责任编辑　王欢欢
封扉设计　赵　瑾

出 版 人　陈义望
出版发行　东方出版中心
地　　址　上海市仙霞路345号
邮政编码　200336
电　　话　021- 62417400
印 刷 者　山东韵杰文化科技有限公司

开　　本　890mm×1240mm　1/32
印　　张　6
插　　页　2
字　　数　126千字
版　　次　2025年1月第1版
印　　次　2025年1月第1次印刷
定　　价　58.00元

推荐序
我阅读《臆造南洋：马来半岛的神鬼人兽》的笔记

王润华

一、怀旧的年代

哈佛大学教授博伊姆（Svetlana Boym）的《怀旧的未来》（*The Future of Nostalgia*），把我们的时代定调为一个怀旧的年代，她以"心灵的怀疑病：怀旧、历史与记忆""历史的天使：怀疑与现代性""恐龙：怀旧与通俗文化""修复型怀旧：密谋与返回本源""反思通俗文化型怀旧：虚拟现实与集体记忆""城市与重新发明的传统""流亡者与想象中的故乡""怀旧与全球文化"等等思维，诠释了文学艺术与学术研究的所有重要叙述。博伊姆剖析了各种形式的怀旧，如民族主义的、大流散的、流亡的、文学的、个人的。她以各种精彩、机智、讽喻透彻的剖析，深深触动人心。以冷静而温柔的目光透视当今日常生存方式，这是一部独一无二的作品。

二、怀旧、记忆、重返、反思是我们年代的关键词

我自己回顾，惊讶地发现《怀旧的未来》是一面镜子，原来我的文学创作如《南洋乡土集》《热带雨林与殖民地》《地球村神话》《重返集》《榴莲滋味》《重返星洲》《新村》《重返诗钞》《重返马来亚》以及英文诗集 Home Comings 都是怀旧、记忆、重返、反思的作品。还有我的学术研究，也不例外，也在怀旧的土地、历史文化里整理共同记忆，建构我的论述，如《鱼尾狮、榴莲、铁船与橡胶树：新马本土幻想、华语、文化、文学的重构神话》，尤其最近的论文集《郑和登陆马六甲以后：中华文化的继承与创新》《东南亚汉学中的上海文学研究》，还有论文《从新马华文文学建构多元共生的新加坡国家文学共同体》《反思与重构：新马华文文学的多元复杂系统》《重构海上丝路上的东南亚汉学新起点：重新建构、诠释与评价》。回头再看哈佛大学教授博伊姆的《怀旧的未来》的关键词，竟是怀旧、修复型怀旧、通俗文化、反思、流亡、想象、新传统，都出现在我的文学创作与学术论述里。可见我的思考、想象都在怀旧的大浪潮冲击下产生的。

三、阅读《臆造南洋》，想起《忧郁的热带》

莫家浩是新时代的历史文化学者与作家。身为写作人，他书写华人从漂洋过海移居南洋到开拓永久的家园，在边佳兰及新山的中华与本土历史，还有在神话的余烬里，眼光尖锐，能看见与

书写人鬼神兽，写出超越现实与历史文化的文化书写，也是文学作品。莫家浩更以田野调查研究与撰写现代华人、华人与多元种族和文化的学者来书写。他在日益依赖于全球化超空间的社会又是怀旧泛滥的社会书写，所以《臆造南洋：马来半岛的神鬼人兽》可读性高，处处具有智慧与启发性。

这本书是莫家浩为了学术研究而四处奔走，做田野调查的笔记。这使我想起我百读不厌的法国列维·斯特劳斯（Claude Levi-Strauss）的《忧郁的热带》，作者是人类学家，一九三〇年代在巴西旅游及从事人类学田野调查的经历，但叙事常常反思人类文化社会，牵涉哲学、社会学、地质学、音乐、历史学及文学等学术的文字，使作品形成意识流般的叙事效果。莫家浩前言的这几句话就是绝佳的导读，让我们更了解其艺术与学术的奥秘。

第一章"历史的余烬"便是以古今发生及流传于马来半岛的若干历史与传说为题材，探讨两者之间的内在关联。

第二章"山和海之间"及第三章"边城叙事"，则分别以马来半岛南端的边佳兰及新山为主轴，探讨19世纪以降马来半岛城镇与乡村华人社会史的记叙与诠释。

第四章"神鬼人兽"，顾名思义，是寄望于本章所充斥着的诸多怪力乱神，加以探究多元世界里的身份如何定义与转换的问题。

最后一章"记忆危机"通过写太平洋战争、战后紧急状态及"五一三"族群冲突事件，探讨人们处于危难时刻的应对，以及事后的记忆与忘却，展示不同时代背景下个体与集体的选择如何被描述为历史。

四、理性、抒情、分析、历史、文化、文学、民俗的越界书写新传统

我不久前，很用心地重新阅读中学时代就购买的鲁白野的《狮城散记》与《马来散记》，还有邝国祥的《槟城散记》。因为周星衢基金会要把他们以前由星洲书店出版的三本书重新注释出版，我写了《重读鲁白野》与《〈槟城散记〉的多元新解读》作为导读。现在很高兴有机会先拜读了莫家浩这本《臆造南洋：马来半岛的神鬼人兽》大作。我认为，他继承、发扬、创新了鲁白野本土历史文化书写的传统，本书处处可见一种跨越现实与文化，跨越历史、文学与神话的语言，而且进入更复杂多元的书写。

我不需要详细分析，下面的五章与各篇的题目就能显示这是历史的、文化的、社会的，更是文学的书写。

第一章"历史的余烬"：《罗越迷踪》《黑石城传说》《王的咒誓》《反逆的罗摩》《天涯沦落人》《西洋伯公道光匾》《大伯公的午宴》《港门溯源》。

第二章"山和海之间"：《出门须防白礁屿》《病吟之境》《观音寺山》《观音寺碑匾》《观音游神》《老清明，新清明》《东边普度》《四湾妈祖刈香》《午时茶水》。

第三章"边城叙事"：《从庙名谈起》《从前有处噯呀坡》《谜之余勉旺》《广肇惠疑云》《观音殿铜炉》《及时行乐》《批判游神》《三个年份》《端亚山送地》《粿条仔城市史》。

第四章"神鬼人兽"：《会飞的人头》《飞龙绕树》《虎人入市》

《咖啡、老虎、鬼》《山君驾到》《见虎烧香》《洪仙传说》《功德祠与盛明利》《英魂显灵》《四师爷考》《古墓夜话》《唐番兄弟》《年兽来由》。

第五章"记忆危机"：《失落的炮弹》《日本支沟》《屠杀记忆》《女王驾到》《一九六九的火》。

2023年12月8日写于南方大学学院中华语言文化学院

（王润华，马来西亚南方大学学院中文系资深教授，

中华语言文化学院院长）

推荐序

安焕然

　　我始终认为东南亚华人的文化是一个建构中的进程，其主干主体是"在地化""本土化"。其最初移植过来的种子虽源自"中国"，但因土壤、水分、气候环境等的不同，经各种跨文化的互动、冲击、挑战和接纳，以及本身在地化的成长经验，其开枝散叶、结的果，自然就和"中国"不一样，而是一种"再创"的文化个体。若把它比喻为一棵树，不论是其先天不足，还是后天失调，这棵树是否会被连根拔起，能否经得起风吹雨打？其长成的果实是苦、是毒，还是烂了，抑或比中国"原乡"的来得更美、更好、更甜？我想，这就要看看其成长过程中的各项要件和因素主导了。

　　但关于东南亚华人的研究，就早期学院派来说，很长一段时期掌握在英文源流学术人员手中。这些执笔之人，在英属马来亚时代主要是一些"学政人员"，他们既是学术撰写者，也是英殖民官员，难免有其站在"殖民者碉堡"和"洋船甲板"上来看东南亚的西方中心观，并字里行间会合理化殖民政府政策。尤其在东南亚原住民及在地华人民俗和宗教信仰方面，有其高姿态的西方视角及偏见。但这批学政人员是当时英属马来亚政府里精英中的精英，很有学识，掌握的讯息也较广博，他们甚至懂中文和方言，能看到和接触到的事物很多。反倒是战后独立建国，学院派的东南亚研究已走向马来西亚或国别研究，而官方主流的马来西亚历史的探讨，民族以马来为主，宗教以伊斯兰教为主轴，非马来的都成了"dan lain lain"的"其他"陪衬事项。很长一段时期，涉及华人的研究也落入这批纯英文教育源流的学界里，田野调查有其难度和局限，依赖文献也比较局限于官方档案资料的引用。这固然有其历史建构上的价值和意义，但从史学史层面理解，"资料来源越古老，越普遍被人接受，也就应该受到尊重"，这个传统的史料接受准则是受到挑战了的。毕竟面对史料，即使是官方档案文件，你还是要辨伪和需要再考证的，更要回到当时的历史情境中去理解为什么是这般的结局。况且研读历史，不能只看到上层的官方历史和史料，上层和下层的历史都要重视。而叙事史的复兴，这一书写趋势反而更为受众。

然而，就马来西亚中文书写的非政府大学的"民间学者"来说，二战前后，由许云樵、韩槐准等南洋学会同仁开启的"南洋研究"是很精彩的。在马来亚建国之际，鲁白野的《马来散记》的"大白话"书写方式，更是赤诚投入并参与了独立建国"国族建构"的宏图或企图。而《马来散记》之类的书写也是当时的畅销书，相当受众。可惜像这样的书写，或许是国情和族群关系的变转，从"马华"的边缘化，"马华"的迷思再到"马华"的"自觉"，近四十年来，中文论述已从"南洋研究"走向"华人研究"。

这种研究趋势固然有其历史情境和问题意识，但过于"马华"的结果，也常使自己的视野过于局限在"华人"同温层的狭窄框框而"不自觉"。这种"马华""自觉"中的"不自觉"，是有待吾等中文学人超越突破的。

不论是东南亚研究，还是南洋研究，超脱既有的传统视角是必要的。而这其中，多语言的史料文献参引，以及民俗、传说之记录、搜索，就成了很重要的研究资源。马来亚大学文学院院长黄子坚教授曾多次强调，马来西亚的中英文学界华人研究成果应当结合。而我在《新史料·新视角：青年学者论新山》（2020）也指出年轻一代学者具有这方面的优势。他们既能挥汗走田野，也擅长于网络科技的整合，掌握多语文献资料；既能熟练引用中文资料，也会参照很多英文、马来文、日文的研究成果和官方档案文献。像这样的多语研究资料和研究成果的结合参照，相信会是今后马来西亚华人研究的主趋势。

而这其中，莫家浩是这年轻一批学者中写得很勤的一人。既能写学术论文，也勤于写文史掌故和田野随笔，实有"南洋研究"的遗风。其《臆造南洋》之书写更像是鲁白野《马来散记》之再续。唯其中的"雾锁南洋"不应仅是马来西亚之"海外"读者习惯上作为"猎奇"的窥视。如何在家浩的历史与传说、模糊又暧昧的神鬼人兽南洋书写中，让读者看出更有意思的事物和历史的启示，或许才是本书书写更实在的意义。《臆造南洋》之结集，是在台湾出版的，可喜可贺，是为序。

（安焕然，马来西亚新纪元大学学院中国语言文学系教授）

推荐序

蔡志祥

历史时常在叙事和想象之间为不同的持份者不断地诠释和再诠释，同时也为社区里不同阶层、不同身份的生活者以自己认为正确的方式传承和实践。对于生活在海外的华人来说，在努力成为当地人的同时，如何运用自己所认知的传统来维护中国人的身份认同，通过尤其是节日和仪式来建立一个重要的"他者"（significant others）身份；在多元种族的国家中，成为重要的另一群体。想象的"中国性"最重要的目的不是真的回归中国，甚至也不需要跟中国完全接轨。在海外的华人生活的地方社会里，人们要在那个地方生活，要建立一个我跟他（华人和其他种族）不一样的族群，强调我与他的文化距离。他们对这些所谓"中国性"的强调，主要不是为了加强与祖国的联系，而是为了让自己在"中国"以外，在没有"中国"的地方生活得更好。[1] 海外的华人在

---

[1] 《访谈 | 蔡志祥：跨越边境的华人社会》，采访：蒋宏达、徐世博，2018 年 3 月 16 日李斌斌转载在中华全国归国华侨联合会官网"华侨华人研究·侨史掠影"专栏文。（www.chinaql.org/n1/2018/0625/c420286-30083717.html，2023 年 12 月 27 日浏览，原载《东方历史评论》，微信公众号：ohistory。）

明白根源、强调"中国"的同时，想象"中国的"传统，配合在地政府的政策和语调，建立在他乡的"故国""故乡"的身份。这种与"故国""故乡"的实在的或想象的联系，在两百多年的东南亚华人的世界中，是时常变化的。假如我们从一个三维立体的角度来看海外华人的历史的话，不同时代的国家和周边社会，提供了每个时代的海外华人策略性选择和标准化历史叙事的凭据，也提供了他们合理化当代仪式生活的实践方式。

本书汇集作者在马来西亚《星洲日报》刊登的四十五篇专栏文章，整理为五个部分，反复地通过文献考究和田野的参与观察，说明在记忆与忘却之间，历史和传说如何在不同的文化载体、不同的地域空间、不同的精神领域，以及"不同时代背景"的个人及群体选择性地记录、叙述、诠释和实践。作者以活泼生动的文笔，以马来西亚南端的城、乡、山、海的人群的生活为对象，缀织出一幅如作者在导言所说的不断被重塑、被标准化的"南洋图像"。

本书以社区和人群串联华人生活中难以割断的"神、鬼和兽"。本书告诉我们阅读田野不仅仅是收集碑刻、谱牒，也不应局限在民族志的记录。社区人群对传统的定义和展演，必须有长期的田野触觉、对文献和口述历史的辨解能力以及洞悉宏观政治社会环境，才能理解和体验生活的、仪式活动的内容和实践的延续与变迁。作者成功地以参与者和观察者双重的"边缘的本地人"的立体视野，娓娓动人地叙说活的"南洋故事"，让读者明白社群共享的文化和禁忌、地方"知识"和文化运作的塑造过程。

（蔡志祥，香港中文大学历史系客座教授）

目　录

图片目录

5

导 言

汉人注疏，好臆造典故。——袁枚《随园随笔》

南洋者，中国南方之海洋也，在地理学上，本为一暧昧名词，范围无严格之规定，现以华侨集中之东南亚各地为南洋。——许云樵《南洋史》

一九八四年，由一班来自香港的电视制作人员操刀，新加坡广播局制作的电视连续剧《雾锁南洋》开播，作为新加坡本土历史电视剧的先声，绝对一时风靡。同年出生的我，童年岁月里，似也曾通过高高的天线，在新柔长堤另一端的新山排屋里，斜靠沙发，从硕大的鱼缸电视中收看重播。剧情中讲述的二十世纪初华南移民漂洋过海、南来谋生、艰难求存的故事，当年幼稚懵懂的我自然不会明白，却对于当年脍炙人口的同名电视主题曲旋律与歌词印象极其深刻，至今犹能朗朗上口：

过去的记忆你是否已经遗忘

祖先的流离可曾使你惆怅

雾起在南方　雾落在南方

重重迷雾锁南洋

望远方天水茫茫

浓雾中何处是家乡

向远方冲过险滩

浓雾散见我新家乡

过去的记忆世代不可遗忘

祖先的流离使我生命更坚强

雾起在南方　雾落在南方

重重迷雾锁南洋

随着年岁履历渐长，重重迷雾深锁的"南洋"，不仅是童年回忆的背景音乐，也是自己读书研究的兴致所在。关于南洋，许云樵为它设下了两道门槛：首先，这是个模糊又暧昧的地理名词；其次，它是"华侨集中之东南亚各地"，意味着华人在东南亚的流徙定居，乃界定南洋地理范围的要件。如此一来，从近代中国开始流行的"南洋"概念，其界限就很难超越十九世纪末出现并在一九五〇年代开始普遍使用的"东南亚"（Southeast Asia）之地域范围。然而这也并非终点，东南亚一词虽然打破了十九世纪以来西方视角下的"东印度"（East Indies）、"印度支那"（Indo-China）等词汇的殖民性，却也无可避免地掉入了二战结束后该区域民族独立建国运动后形成的政治国界网格中，其中原本既多元

2

又流动的文化、信仰与身份认同被迫割裂、对立与碎片化，即便数十年来被置入国族框架下的再融合过程，也远未竟其功。为摆脱论述的困境，近年不少有识之士也开始改用源于古代爪哇文献里的"努山塔拉"（Nusantara）一词，来指代东南亚所有受马来文化和语言影响的地域，借此打开旧观念的藩篱，亦不失为一条出路。

身为马来西亚国民，多元族群、文化与信仰既是国家的宝藏，又是分歧之根源。仅从领土层面来说，位于马来半岛的西马，与位于婆罗洲的东马，两者的社会文化差异，上升成为国内政治议题，早已成为常态。再退一步言之，所谓"马来半岛"（Malay Peninsula）不也是一个模糊又暧昧的用词吗？在马六甲王朝灭亡后的十七世纪，由离散的王朝遗民所屡屡使用，马来半岛一词充满了他们缅怀故土荣光的哀愁，直到被西方殖民者所借用，来形容包含今天缅甸南端、泰国南部及西马全境所涵盖的大陆东南亚半岛地形，将之冠以"马来之地"（Tanah Melayu），除了局部适用的政治正确，总体上也难免显得偏颇。刨根究底地说，当"马来"一词出现在印度古文献的地名里，其最初的含义也很可能是在形容此处地貌多山，乃"群山之地"（Malayadvipa）。相比之下，古希腊罗马文献所使用的"黄金半岛"（Aurea Chersonesus），可能亦受印度古文献的另一地名"黄金之地"（Suvarnadvipa）的影响，在字面上为这片季风交汇的宝地添加不少奇幻色彩。

从两千多年前的黄金半岛，到今天隐隐浮现的努山塔拉，华人总在其中扮演过形形色色的身份。他们时而是使节商贾、求法高僧、落难旅人、革命志士，亦可以是从未踏足南洋的文人史官，

3

但更多的是从近代以降，如《雾锁南洋》所演绎的一批批南离寻找活路、最终落地生根的普通人。漫长的来往与居徙过程，华人及其文化早已成为此处多元的持份者，理当毋庸置疑，问题在于如何理解华人文化在地化过程中的传承与变迁。在关于马来西亚华人文化建构的讨论中，安焕然提出了"树"的意象，认为"华人文化"的主干主体是"在地化"与"本土化"的过程，但其"种子"源自"中华文化"，但基于不同的历史脉络，为"种子"的生长构成了"各种跨文化的互动、冲击、挑战和接纳"，最终结成的"果"就自然与"中国"的"果"不一样。

将"中华文化"视为海外华人文化的根源并非新论，重点在于将"中华文化"视为海外华人天然且被动赋予的"文化基因"，抑或是可供海外华人选择的"文化工具"。通过对新加坡华人节日仪式变迁的观察，蔡志祥以二十世纪初至今的新加坡华人社会为例，认为当地华人"不仅需要建立与中国的文化关系"，还需要通过追根溯源，"在当地确立'显著的他者'的身份"，这么一来，在其所属社会当中提出与建构"文化中国"，便显得尤为重要。而在新进关于移民族群政治身份认同问题的探讨中，孔德维认为二十世纪以前的努山塔拉华人（"唐人"）精英们可能也将"中华"视为一套可被塑造的文化，"在不同区域、不同生活片段（如饮食、婚嫁、丧葬）中出现，也可能构成了唐人社会的组织形式"。孔氏由此提出"便携"（portable）的概念，认为努山塔拉的唐人在特定情况需要时，既可以选择表现其中华性，"在不须应用时，也可以将它藏起"。他进而将努山塔拉的唐人社群比作基因改造农场，"不同作物的种子本身说是由异质的植物所提供的基因（DNA）构成，在混合比例不一的情况下，生出一组又一组共存于同一农场的作物"。

当讨论从奇幻走向科幻，我也想借鉴一番量子物理学的概念。比起将南洋／东南亚／努山塔拉视为华人／唐人文化基因改造农场，或许也可以将华人／唐人视为一种"叠加态"（superposition state），其文化特征将随着"观测"（observe）角度的不同，"坍缩"（collapse）成观察者所见到的结果。身处多元、不同阶段与不同文化的"纠缠"（entanglement）及"选择"（choice），都有可能让关着唐人之猫的箱子于掀开一刻，被观测出——或说被描述（describe）成不同的事实。而宏观的历史论述，往往也只有到了微观的个案身上，才能充分显现认知的多样性。

换言之，审视历史中的华人／唐人如何变换角度来看待努山塔拉与自身，其实也是一种建构历史建构的过程。最充分展现这点的，或许并非中外史书及官方档案，反而来自南洋以上、东南亚未满时，游历于努山塔拉的观察者游记和散记中，生于马来半岛、日据时流亡印尼、战后定居新加坡却英年早逝的鲁白野，他一九五三年出版的文史散文集《马来散记》可作为其中代表。在该本通篇讲述马来半岛历史传说掌故的书中，作者的序言如是写道：

> 我要把故乡长成的过程忠实记录下来，要亲切地写我们的先人曾经怎样流了无尽的血汗在努力开拓它、耕耘它，创造了一个幸福、繁荣的新天地。

正如王润华在评价鲁白野的文学性时，谈到对方所具备的"不断流亡的中国性、马华性、西方现代主义，还有马来、印尼文学的倒流，与中国性、马华性的混合，犹如海水与淡水混合，形塑出复杂的、另类的马华文化属性，这种文化驳杂性，提炼出驳杂的文学"。由此我们既可以认为作者多元文化经验的背景催生出了《马来散记》，也可以倒过来说，是驳杂的多元文化给了作者书写的素材。更重要的是，在国家尚未独立、国族论述尚未成型之时，作者热情地旁征博引各地风土民情与传说典故，建构起自己"故乡"马来亚的历史，一个经由其观测、坍缩而成的"国人"史观。

在正统树立之后，一切非主流的描述都易归入臆造。在南洋/东南亚/努山塔拉的历史里还有许多广义的鲁白野，他们时而是使节商贾、求法高僧、落难旅人、革命志士，从未踏足此境的文人史官，以及更多的普通人。他们或许未必曾留下优美的文字，只凭口耳相传的灵异故事，旁人难以理解的庆典仪式，又或者只是习以为常的地方常识。如果能将这些坍缩后的表象收集起来，理解其过去被观测的视角并加以回溯，或许我们便能更接近南洋/东南亚/努山塔拉的华人/唐人，及其身边他者在历史中的叠加态，建构出历史建构的过程，或者说，在历史长河中，多元、非主流的个人与群体，臆造各自的南洋/东南亚/努山塔拉。

自二〇二一年起，我在马来西亚《星洲日报》网站及副刊辟设专栏，每两周连载一期，迄今累积近五十篇、单篇千余字的短文，此番将其集结、分类与修订，拼凑而成书，诚属实至名归的散记。由于内容过于五花八门，只能尝试将文章粗分为五大主题，并按此规划章节。在国家、族群及地方叙事的建构过程中，历史与传说之间非但存在相互印证的可能，也会出现两相矛盾的情境。处在多元交织的土壤上，将传说与历史用以宗教、人种、地方等模具进行切割，将反向收缩人们的视野，从而忽视其多元性所带来的跨域本质。第一章"历史的余烬"便是以古今发生及流传于马来半岛的若干历史与传说为题材，探讨两者之间的内在关联。

第二章"山和海之间"及第三章"边城叙事"，则分别以马来半岛南端的边佳兰（Pengerang）及新山（Johor Bahru）为主轴，探讨十九世纪以降马来半岛城镇与乡村华人社会史的记叙与诠释。作为一州首府，同时又是衔接半岛与新加坡两岸陆路往来的窗户，新山具备了乡区边佳兰难以企及的人口与资源，因此也保存着数量上比起后者来得多得多的金石文物史料，亦有不少学者学人前仆后继投入研究，使它成为半岛地方华人史书写的焦点。亦正因此，新山华人社会史的当代研究，很自然地会朝史料文献的再考察与再诠释的方向前进，以期能与诸多前人构筑的旧说定论相互对话；然而面对边佳兰，上述条件往往不成立，于是研究者本身也往往便是当地历史文本的初始制造者，需要将日常的习惯、口述的记忆以及仪式的观察记录下来，进而转换成史料，开始建构历史。从这点出发，新山与边佳兰可被视为马来半岛华人社会史研究现况的一体两面，存在相互借鉴的余地。

第四章"神鬼人兽"，顾名思义，是寄望于本章所充斥着的诸多怪力乱神，加以探究多元世界里的身份如何定义与转换的问题。从中国明代笔记中对满剌加妖异的陈述，到老虎的意象如何游走与报应、死亡、神明与庇护之际，进而延伸至豪杰、番人及墓碑如何化作鬼神，年兽传说又如何在南洋成真，其表征是人、鬼、

7

神、兽彼此身份的交叠与转换，内里则是多元环境下华人的认知视角如何自适，并实现自圆其说的过程。或许，与宏大的历史叙事相比，乡野奇谭往往更能在光怪陆离中，体现"臆造南洋"的精髓吧！

最后一章"记忆危机"通过侧写太平洋战争、战后紧急状态及"五一三"族群冲突事件，探讨人们处于危难时刻的应对，以及事后的记忆与忘却，展示不同时代背景下个体与集体的选择如何被描述为历史，而后者又将在后世传诵的过程中被无止境地、策略性地清晰化或模糊化。但亦是上述形成的认知多元，造就了叙事的多元，终将置入国家、族群与地方传说中，又一次化作历史的余烬。

二〇二三年变故甚多，感谢马来西亚《星洲日报》文化企宣主任曾翎龙与副刊主任黄俊麟两位先生的器重，俾予我机会加入《星洲人》网站及《星洲日报》副刊的专栏撰稿行列磨炼。历任专栏责任编辑的文彬、慧金、美凤，总能适时又不失体恤地催稿，鞭策我在笔耕路上匍匐前行。构思书稿的过程中，承蒙孔德维博士与白伟权博士每每在宵夜时分不吝分享交流，惠赐高见，为形塑本书框架助力不少。本人亦何其荣幸，在有限的时间内，尚蒙师长愿意在百忙中拨冗为本书写序，无疑是对我莫大的鼓励；十余年来的田野与历史学问路上，倚靠父母家人的支持谅解，内子嘉仪的默默厮守，总算熬过重重难关，感恩不在话下。最后的话留给《马蚁学人》专栏的忠实读者们，你们的阅读和反馈皆是我不辍精进的动力，也期待翻开本书的旧雨新知不吝批评赐正，与我一道闯入臆造南洋的世界里。

第一章

历史的余烬

一、罗越迷踪

二〇二三年八月，马来西亚国家文化遗产与马来西亚理科大学环球考古研究中心（Global Archaeology Research Centre, GARC）对外宣布，在吉打铅县的武吉皂礼（Bukit Choras）发掘一处据推测建于公元八至九世纪的陵庙（Candi，亦译禅邸）建筑结构遗迹，并在此发现了一些古陶片、泥牌（kalamsemah）带有南印度跋罗婆（Pallava）文字的古文铭物（prasasti），以及两尊以灰泥（stucco）材质制作、真人大小、保存相当完整的塑像（arca）。

在布秧谷（Lembah Bujang）历史遗迹群当中，武吉皂礼是唯一落在日莱峰（Gunung Jerai）以北的遗迹点，早在十九世纪中叶便已被英殖民地官员发现，并在一九三〇年代末，由东南亚史学家夸里奇·威尔士（H.G. Quaritch Wales）进行过初步的考古勘察，当时也发现了一具刻有跋罗婆文《缘起偈》的石制佛教信物，与此次新发现的古文铭物形制相似。另据GARC释出的照片，新发现的泥牌上貌似有舍利塔（Stupa）基座的图案，至于那两尊灰泥塑像则似乎皆呈现结跏趺坐的姿势，按考古团队主要负责人的说法，撇开苏门答腊与爪哇，这还是人们首次在布秧谷遗迹群中发现灰泥材质的塑像。

　　一般认为，布秧谷遗迹群与古吉打（Kedah Tua）的历史有直接关系，结合目前的考古发现与历史文献，可以大致理出一条始于公元前八世纪的历史脉络。相比之下，处在马来半岛南端的柔佛（Johore）古代史就没那么幸运，不仅历史文献记载极少，可供确认的考古发现尤其缺乏，其中最古老的出土文物，大概是一口于一九六三年在麻坡班卒（Sungai Penchu）发现的公元二世纪古青铜钟。除此之外，二十世纪前中叶，考古学者们也曾在柔佛河畔的哥打丁宜（Kota Tinggi）及旧柔佛（Johore Lama）等地发现中国汉代及唐代陶瓷碎片，以及来自印度及西亚的玻璃珠子，它们皆成为讨论神秘的公元八世纪东南亚古国——罗越，其实是位于柔佛南端的重要物证。

　　关于罗越的记载，最早出自《新唐书·地理志》引唐朝官员及地理学家贾耽所记之《广州通海夷道》，谓"到军突弄山。又五日行至海硖，蕃人谓之'质'，南北百里，北岸则罗越国，南岸则佛逝国"。据考，军突弄山为湄公河口外的昆岛群岛，主流观点认为文中的"质"乃马来语海峡（Selat）的对音，为今天的柔佛海峡，因此北岸的罗越国自然便是在柔佛南端了，所谓罗越即海人（Orang Laut）的laut之对音。但也有质疑者认为，从昆岛群岛出发五天的航程太短，到不了柔佛南端，且柔佛海峡是东西走向，水道也不阔，不符合"南北百里"的描述。

　　更重要的是，同样在《新唐书》中的《南蛮志》里记载说："罗越者，北距海五千里，西南哥谷罗。商贾往来所凑集，俗与堕罗钵底同。"主流观点认为，哥谷罗位于马来半岛西岸至克拉地峡的某处。但倘若真如此，哥谷罗便几乎不可能位于柔佛南端的西南方。且堕罗钵底（Dvaravati）已被学界普遍认定是位于今天泰国北部、由孟族（Mon）建立的佛教古国，若罗越是马来半岛南端海人的国度，两者风俗为何会被形容为类同呢？因此，也有学者认为罗越并非位于柔佛南端，而是远在泰国中部的叻丕府（Ratchaburi）。然而在后来的《宋史》中，又记载丹眉流国（据考为马来半岛古国单马令［Tambralinga］）"南至罗越水路十五程……东南至阇婆四十五程"，按阇婆即爪哇，从相对航程来估测，此时的罗越，似乎又确实有可能位于柔佛了。

　　追根究底，关于罗越所在何处的诸多争议，其实都可归结于史料太少之故。至今柔佛的考古发现，除了班卒的铜钟，大都只能上溯至十六世纪马六甲陷落后的柔佛王国时期。近半世纪的农业与土地开发进一步静悄悄破坏着历史现场，无形非物质的口传记忆也在加速失传，唯有留下一些更深刻亦更模糊的文化痕迹，等待人们探索。例如语言学家们便认为马来半岛的南亚语系（Austroasiatic）原住民语言与孟高棉语（Mon-Khmer Language）有很深的关联，甚至连属于南岛语族（Austronesian）分支、主要生活在马来半岛南部内陆的原住民贾昆人（Orang Jakun）及生活在马来半岛南部沿海地区的实里达人（Orang Seletar）的语言中也能见到孟高棉语的影响。莫非今天马来半岛原住民的话语歌谣，正是俗与"堕罗缽底同"的罗越余音？既然踏破铁鞋无觅处，且不妨先洗耳恭听！

二、黑石城传说

熟悉马来半岛古代史的人，应该会对相传存在于柔佛河上游的"千年古城"哥打格兰基（Kota Gelanggi）轶事有所耳闻。二〇〇四至二〇〇五年间，随着马来裔文史研究者莱米·仄·罗斯（Raimy Che-Ross）公开发表其研究论文，论证哥打格兰基这座"失落古城"位于柔佛河上游的林桂（Linggiu）水坝一带的森林保护区内的可能性，获得马来西亚国内媒体大肆报道，社会舆论趋之若鹜。因此，当二〇〇六年大马政府方面宣称并无可靠证据能证明此古城存在于林桂河流域，随后掀起的阴谋论便久久不息，指有关方面的故意阻拦和不作为，皆是对马来半岛印度化时代历史的欲盖弥彰。进入网络时代后，关于哥打格兰基传说及其阴谋论的信息内容更是广为流传，每隔一段时间便会重临电脑、手机屏幕，流言之凿凿处，自不在话下。

即便如此，关于哥打格兰基的传说，确实由来已久。究其起源，可参阅成书不晚于十七世纪的《马来纪年》（*Sejarah Melayu*），其开篇便以印度的拉惹苏兰（Raja Syulan）征服"河城"（Gangga Nagara）及林桂为楔子写道：

（林桂）此地本为一大国，建有黑石堡垒，到现在那堡垒还兀立在柔佛河上游。此地名本作Gelanggui，为暹语"宝库"之意，后讹传作Lenggui，国王名叫拉惹朱林（Raja Culin），是一位雄主，风下之地诸国的王都臣服于他。

以上《马来纪年》的说法，便是柔佛黑石城传说的最早记录。一九三○年代，马来文史专家，同时也身任柔佛顾问官的温斯德（R. O. Winstedt）便就此提出一个构想：如果"黑石城"能够被发现，或者在柔佛内陆的Chandi Bemban（马来地名，意译为"藤庙"）能有印度文化古物出土，又或是学者们能够考证出林桂河，或其河畔附近诸如Pasir Berhala（马来地名，意译为"圣滩"）及Gajah Mina（马来地名，意译为"鲸象"，即印度神话中的海兽Makara［摩羯鱼］）等地名的来历，那么柔佛早期的历史便可迎刃而解了。

温斯德的构想，日后由南洋史家许云樵转译，并在著作中引用，使得此一构想获得不仅仅是西文及马来文学界的广泛认知，也在中文学界里觅得知音。而在我看来，温斯德的另一句假设也很重要:《马来纪年》里关于拉惹苏兰征服风下之地诸国的故事，可能是影射公元十一世纪印度东部强国注辇（Chola）远征三佛齐（Srivijaya）的历史事件。注辇国王罗阇帝罗阇·朱罗一世（Rajendra Chola I）的远征，战火遍及当时包括苏门答腊、马来半岛及爪哇在内的三佛齐势力范围，多处商港被洗掠。盛极一时的三佛齐虽未至于灭亡，但也从此元气大伤。而在《马来纪年》的故事里，同样记述了Gelanggui的拉惹朱林如何率领大军，与来自印度的拉惹苏兰奋勇酣战，两位王者骑着各自的战象决斗，最终拉惹朱林不敌战死，印度大军也涌入Gelanggui城，将之洗掠一空。而拉惹朱林的公主也被掳获，成为拉惹苏兰的妻室，随他意气风发返回印度。有趣的是，在《马来纪年》中，拉惹苏兰与Gelanggui公主的后裔，后来成了马六甲王家世系的鼻祖，用今天的语言来形容，也算是曲线复国了。

在彭亨州的而连突（Jerantut），还有一处石灰岩洞群，名叫哥打格兰基洞（GuaKota Gelanggi）。二〇〇五年，时任的柔佛州务大臣也曾宣称所谓黑石古城实际在彭亨，估计当时其所指应为此洞。即便如此，在这个距离柔佛的林桂少说也有二百五十公里远的哥打格兰基洞，当地也同时流传着这么一则传说：话说当年有一个古老的王国名叫Gelang Kiu（意为"宝库"），统治着拉惹格兰基（Raja Gelanggi）。有一位美貌无比的公主，既与比拉（Bera，彭亨地名）的拉惹乌索（Raja Usul，意译为"初始王"）订婚，同时又受到立卑（Lipis，彭亨地名）的拉惹曼邦（Raja Mambang，意译为"精灵王"）追求。两位拉惹为爱而交战，最终拉惹乌索手刃情敌，赢得美人归。但这结局，拉惹曼邦的父亲可不接受，为报丧子之仇，他召唤了桑可楞白（Sang Kelembai）——彭亨乡土传说中奇丑无比、长着象耳、象牙的女巨魔。桑可楞白对格兰基下了诅咒，将Gelang Kiu的一切都化为石头，古国就此由地图上消失。

无论是《马来纪年》故事，抑或是彭亨乡土传说，都讲述了一个关于曾经辉煌的古城Gelanggui或Gelang Kiu，因为不可抵抗的战火劫掠或超自然力量而消亡，进而被世人所遗忘及神话化的故事。从广义的角度出发，无论黑石城所在何方，它的传说所承载的，都是关于马六甲王朝龙兴之前，马来半岛上所发生的某起亡国惨剧。翻阅中外史书，总有一长串历史仅存只言片语的古国古地名，其中的亡国故事，又岂止黑石城一出？

三、王的咒誓

前文谈到桑可楞白的诅咒如何将彭亨州而连突的哥打格兰基洞连人带城统统变成了石灰岩。说起来，这桑可楞白的咒誓（Sumpahan Sang Kelembai），在马来民间诸多传说中也算是远近驰名，除了彭亨，在中北马的霹雳州、吉打州及槟州，皆流传着不同版本。在各地传说中，桑可楞白——又作桑咯噔白（Sang Gadembai）——或生而为人，因丧子之痛而成魔（mahluk），又或天生即为体格硕大的巨妖（gergasi）。这些桑可楞白或桑咯噔白，皆具备那无与伦比的石化咒誓之力：只要它对人说话，无论人搭不搭理，甚至没听见都好，都将顷刻间化为石头，且毫无解咒之法。因此，在上述各州，全都遍布着受此天灾级别的石化咒力而遭殃的大象母子、情侣、老人、村落及航船等等传说遗迹。放在亟须振兴地方观光产业的今天，桑可楞白可谓为马来半岛最出色的名胜奇石缔造者了。

尽管桑可楞白传说如此脍炙人口，究其起源，却显得格外模糊。比较流行的说法认为Gadembai一词源于火山喷发（gadem）与岩浆（sembai panas）的结合。由此推论，桑可楞白及其咒誓可能源于古人目睹火山爆发及熔岩现象后的记忆遗留；另一种说法则从半岛原住民（Orang Asli）的禁忌入手，指原住民在山林活动时，普遍忌讳"呼叹"（tegur）这一行为，认为任何多余的言语、寒暄和招呼，都会招来厄运。这种观念加以拟人化和极端化，即体现为桑可楞白的咒誓传说。在马来民间社会，桑可楞白的咒誓更常常作为父母长辈训诫小孩子不得妄言多嘴的童话寓言故事，例如孩童太聒噪或上演十万个为什么时，大人就会恐吓说：你再不闭嘴，桑可楞白就要来把你变成石头了！

或许，桑可楞白的巨大身躯（有传说指它只需走动数步，便可从瓜拉塔汉［Kuala Tahan］行至登嘉楼［Terengganu］!）及其没有道理可言的石化咒誓，皆暗示了该传说隐含着对古代马来半岛世界里某种无上权威的敬畏。事实上，在努山塔拉，咒誓（sumpahan）作为统治权力的凭证与背书由来已久，马来西亚学者洁拉妮·哈伦（Jelani Harun）指出，在苏门答腊的巨港（Palembang）及占卑（Jambi）所发现、刻于公元七世纪的室利佛逝（Srivijaya）碑刻中，便有着当时的君王对其臣民所下的咒誓：要求后者效忠、尽忠，否则将对其降下各种诅咒云云。

在《马来纪年》中，也有一则著名的让国誓约（Wa'ad）：相传马六甲王统的始祖室利帝利般那（Seri Tri Buana，意译为"三界之王"）迎娶巨港酋长德芒乐芭达芸（Demang Lebar Daun，意译为"阔叶之酋"）之女，并继承其统治权时，德芒乐芭达芸要求室利帝利般那立誓，从此必须善待其族子孙，即便后者犯错，也不得羞辱谩骂，一切应依伊斯兰法规责罚；室利帝利般那允诺，然而亦要求德芒乐芭达芸起誓，其后代子子孙孙必须效忠室利帝利般那的子孙，无论后者如何残暴不仁，皆不可肇叛君之大逆（derhaka），否则真主将把他们的房子掀个底朝天；最后双方互相承诺，如果彼等子孙违约，则另一方的誓约亦作废。

显然，比起桑可楞白无上权威式的咒誓，以及古代室利佛逝的君臣咒誓，《马来纪年》的让国誓约显然有着更为明确的双向因果逻辑关系：统治者的权威虽然是崇高的，唯人民对此权威却并非无条件臣服，传说中的两者之间，存在着某种类似现代政治概念中的信任与供给协定（confidence and supply arrangement）。值得留意的是，《马来纪年》最终成书于马六甲王朝灭亡一百年后的十七世纪初，而上述这段著名的让国誓约叙述，既有可能源于马六甲王朝初建时，也有可能是马六甲城破后、王庭颠沛流离之际，为了巩固王权统治、建构统治合法性来源的一种历史叙事。而偏偏一语成谶的是，根据成书于十九世纪末的马来世界编年史《珍贵的礼物》（Tuhfat al-Nafis）所载，马六甲王统最终在一六九九年断绝，其原因正是当时承继马六甲王朝直系血脉的柔佛王国（Johore Sultanate）苏丹玛末沙二世（Sultan Mahmud Shah II）残忍且不光彩地处决民丹水师提督（Laksamana Bentan）之孕妻，令提督深感受辱，愤而甘犯大逆（mederhaka），刺杀苏丹报复，导致王统绝嗣所致。

作为历史上有名的昏聩暴君，苏丹玛末沙二世即便再怎么不得人心，好歹也是根正苗红的三界之王后裔，传说中他临死前将匕首扔向民丹水师提督的脚，便可令对方当场吐血身亡；剩下一口气时，也不忘诅咒民丹七世子孙，不得踏足哥打丁宜一步，违者皆暴毙，诚可谓是王统权威消逝之际，咒力疯狂展现的余光。迨至十八世纪的吉打州浮罗交怡岛（Pulau Langkawi），在那远近驰名的玛素丽（Mahsuri）传说中，区区一介草民之女冤死之际，仅凭自身的正直无辜，不仅涌出白血，尚可用咒誓（bersumpah）诅殃浮罗交怡全境蒙受七世灾厄。彼时彼刻，那昔日巨魔与王家咒力，似乎已然在马来王权大幅受抑的殖民帝国主义时代降临前夕，飞入寻常百姓家，人人皆可诅矣。

四、反逆的罗摩

作为马来西亚公定假日之一——屠妖节（Diwali/Deepavali，亦可译为"排灯节""光明节"）——来自印度，且有两大传说源流：它可以是纪念神明奎师那（Krishna，亦译"黑天"）除掉魔王那拉卡苏拉（Narakasura）的日子，也可以是为了庆祝印度史诗《罗摩衍那》（Ramayana）中的主角罗摩（Rama）杀死魔王罗波那（Ravana）的日子，总的来说，都有光明战胜黑暗、善良战胜邪恶的寓意。这两大传说源流，虽然背景桥段各异，但作为反派的魔王，皆曾获得印度教三大主神的梵天（Brahma）或湿婆（Shiva）赐福而近乎无敌，同时又都贪恋女色。而最终打败魔王的主角——奎师那或罗摩——又皆是位列印度教三大主神之毗湿奴（Vishnu）化身。

在我看来，从故事性来说，奎师那对决那拉卡苏拉的场面虽然恢宏，但过程过于单调，本来被描述成无敌一般的魔王，被毗湿奴神力彻底碾压，剧情毫无悬念。相比之下，罗摩对决罗波那的故事倒是峰回路转，跌宕起伏：被流放的王子罗摩为了从魔王罗波那手中救出妻子悉多（Sita），在王弟罗什曼那（Lakshmana）和神猴哈奴曼（Hanuman）等同伴协助下克服万难，进攻楞伽岛（Lanka），与魔王大军鏖战，最终魔王被罗摩用神箭射中胸口而亡，罗摩成功解救爱妻，班师回国，继承大统，成为一代神王。这充满友情、努力、胜利的故事桥段，也是史诗《罗摩衍那》当中最脍炙人口的部分。

罗摩的故事传入东南亚后，在口传与本地转写下产生了更多版本。其中，不晚于一六三三年便已传入欧洲的爪夷文手抄本《室利罗摩传》（*Hikayat Sri Rama*），也是目前最古老的马来语传世文学作品。罗摩的故事也成为前现代东南亚广为流行的文化符号，也是传统皮影戏及宫廷戏舞最脍炙人口的剧码，深入民心。比方说，泰国国王的“拉玛”称号，据说即源自罗摩，以代表统治的神圣性；而在泰国宫殿佛寺很常见的“绿巨人”——守门魔神通萨肯（Thotsakan），则是暹化的魔王罗波那。

一六九九年柔佛王国苏丹玛末沙二世遇刺驾崩，马六甲王统断绝，柔佛自此进入首相王朝，也意味着环绕着区域内马来王权的百年纷乱就此拉开序幕。关于苏丹之死，按《珍贵的礼物》的说法，与著名的偷吃波罗蜜（nanga）传说息息相关。话说当时柔佛王国的将军梅嘉室利罗摩（Megat Sri Rama）在外征战，其留守家中的孕妻因偷吃了苏丹御用的波罗蜜，被苏丹察觉后，下令将她活活剖腹而死。班师回朝的梅嘉室利罗摩，知晓妻子被戮，一尸两命，悲愤难耐，遂与首相大臣串谋，于一次午间礼拜时毅然刺杀其主。

从角色名称及情节来看，这则故事与《罗摩衍那》存在若干巧合。首先，梅嘉室利罗摩的名讳当中，出现了"罗摩"之名；此外，在另一些民间广为流传的版本当中，直称梅嘉室利罗摩的官衔即民丹水师提督，而 Laksamana 虽可意译为水师提督，但究其词源，乃借自梵文 Lakshmana（意为"好运眷顾者"），在《罗摩衍那》中，又正好是罗摩之弟罗什曼那（Lakshmana）的名字。换句话说，这位断绝马六甲王统的弑君者名号，恰好就是印度史诗《罗摩衍那》里的罗摩及罗什曼那这两位屠妖英雄兄弟的综合体！更加蹊跷的是，梅嘉室利罗摩刺杀苏丹的理由，相传是由于妻子遇害，刺杀方式是将马来短剑（Kris）捅入对方的左肋（rusuk kiri）。这又正好与《罗摩衍那》当中，魔王罗波那夺人妻子，最后被罗摩神箭贯胸而死的桥段有几分神似了！

如前所述，在《马来纪年》里，叛君之大逆并非绝对不可为，唯却通过"让国神话"的历史叙事，将其提升至极高的道德难度：只有在君王当众侮辱臣子时，臣子才具备叛君的合法性，否则即便君主残暴不仁，也要效忠到底。因此，当《马来纪年》写到汉卡斯杜里（Hang Kasturi）与宫娥通奸，东窗事发后大闹马六甲王宫，汉都亚（Hang Tuah）奉命讨伐对方，即便汉卡斯杜里屡屡手下留情，汉都亚依然欺其不慎，毫不留情杀之，道理即源于叛君之大逆当前，便毫无其他情谊可讲的上述王权逻辑。

因此，若按上述标准，苏丹玛末沙二世杀掉偷吃御用波罗蜜的人妻，即便不仁，其恶也不足以让叛君之举正当化。如此便于统治者的思想工具，对于天天处在王公贵族刀俎上的老百姓来说，恐怕除了认命和逃命外，更多时候是有苦不能言。如何才能反抗？或许就如人类学者斯科特（James C. Scott）在《弱者的武器》（*Weapons of the Weak*）中所写，在马来乡村里，弱势的农民几乎不敢正面反抗地主，而大多时候他们所能赖以反抗宿命的武器，便是偷懒、说谎、偷窃及私底下嘲讽权势者。从这点出发，大胆想象，将弑君者喻作英雄罗摩，暴君即魔王罗波那，或许便是三百年前，那些爱看皮影戏、听老者讲古、对《罗摩衍那》里的罗摩故事熟悉得很的老百姓们，以弱者的联想力为武器，在历史叙事上的一次顶级叛逆呢！

五、天涯沦落人

登上过马六甲山（Bukit Melaka，旧称"圣保罗山"[Bukit St. Paul]）观光的朋友，应该都见过山顶上兀自伫立的圣保罗教堂遗迹内侧，任由众多石碑露天倚墙并列的萧瑟景象。这些表面刻着各式花纹及难懂的拉丁字母的石碑，其实都是昔日葡萄牙人及荷兰人长眠此处时所立制的墓石。这些墓碑年份当中，最早者可上溯至一五六八年，且几乎都以葡文或荷文刻记勒石，墓碑的主人们，皆为葡荷殖民时代的欧裔人士，身份包括总督、将领、官员、商人、传教士、主妇与小孩等等，是研究马六甲史不可或缺的重要史料文物。

上述墓碑中有那么一块，根据碑铭，其墓主共两位，一是乔安娜·希克斯（Joanna Six），她在一六九六年一月一日去世，得年四十岁；另一位则是她出生仅仅七个月便夭折的儿子，逝于一六九五年五月二十一日。碑铭上也用荷文明确记载乔安娜"生于

图1　马六甲圣保罗教堂遗迹内陈列的古墓碑群

资料来源：莫家浩摄于二〇一七年

大员"（Geboortichvan Tayoan）。所谓Tayoan，即今天台湾岛的台南安平地区，十七世纪时尤指荷兰东印度公司在当地所建立的热兰遮城（Zeelandia）要塞。除了乔安娜，其丈夫雅各斯·佩德尔（Jacobus Pedel）亦生于福尔摩沙（Formosa，即今天的台湾岛）。如此说来，这对夫妻也算得上是那个时代的"台生荷裔马六甲人"了。

　　然而，对于佩德尔夫妇而言，十七世纪末的台湾，早已成为他们毕生也回不去的出生地。一切因缘，可从他俩的家世说起。雅各斯的父亲汤玛士·佩德尔（Thomas Pedel）生于荷兰，是任职

图 2　马六甲圣保罗教堂遗迹内的乔安娜·希克斯墓碑

资料来源：莫家浩摄于二〇一七年

于荷兰东印度公司的军官，汉人称他作"拔鬼仔"。汤玛士的妻子法兰西娜（Franchina Cunningham）生于暹罗，乃欧亚混血儿。一六六一年，"国姓爷"郑成功率部进攻热兰遮城，汤玛士率二百余名荷兰士兵出城迎击，遭到郑军海陆夹击而战死。一六六二年，荷属台湾末代行政长官的揆一（Frederick Coyett）在弹尽粮绝下开城投降，城内一千余名荷兰人及其眷属获准撤离台湾。这一年，雅各斯九岁，乔安娜七岁。

撤出台湾后，作为荷兰东印度公司旗下商人与行政官员，乔安娜的父亲丹尼尔·希克斯（Daniel Six）在东亚各地流转，先是在阿拉干王国（Arakan，今位于缅甸的若开邦）主持荷兰贸易站，之后于一六六六到一六六九年间两度调往主持日本长崎出岛的荷兰商馆，中间曾短暂驻留于当时仍控制在荷兰东印度公司手中的台湾岛北部，最后于一六六八年随守军撤离，成为荷兰统治时代最后一批离开台湾的荷兰人之一。一六七一年，丹尼尔被派往马六甲，而年方十六岁的乔安娜，则在荷属东印度的首府巴达维亚（即今天的雅加达），与一名负责在摩鹿加群岛（Moluccas）传教的荷裔牧师成婚。

相较之下，离开台湾后的雅各斯，其早期经历就更模糊了。一六七五年，他在巴达维亚与一位马六甲出生的女子成婚，此时的他估计已经成为一名驻于马六甲的商人（Coopman）。有趣的是，一六八八年，各自已有过一段婚姻的雅各斯与乔安娜两人，相偕于巴达维亚共结连理。一六八九年，两人的长女在巴达维亚出生。一六九二年，雅各斯出任巴达维亚的陪审官（schepen），一六九六年去世的乔安娜墓碑上则注明其丈夫雅各斯身为马六甲的港务长（Sabandaer，即马来语之Shahbandar）。一六九八年，雅各斯复成为巴达维亚的司法评议会（Raadvan Justitie）的成员，并可能在一七〇〇年逝世于巴达维亚。然而在今天马六甲圣保罗教堂遗迹内尚有一方墓碑，碑面的上阙空无一物，仅在下阙刻有"到此为止乃是港务长佩德尔（Sabandaar Pedel）之墓"，寥寥几字，不禁惹人遐想。

通过追踪上述"台生荷裔马六甲人"的人生历程，不难留意到隐隐现于他们身后、那庞大的十七世纪荷兰东印度群岛商业殖民霸权的巨网，马六甲亦是这张巨网当中的其中一处纵横交汇点。然而历史总是充满巧合，十七世纪中后期的马六甲，不仅是如雅各斯与乔安娜这般被迫撤出台湾的荷兰人们当时在东南亚的落脚处，同时也是那时因山河变色而从中国流散海外的明朝遗孤们的寄寓之地。直到一六八三年，据台二十年的明郑降清，离散于马六甲的台生荷人与大明遗老，此时总算双双失去了各自可以归去的故土，同为天涯沦落人，长眠古城山野中。

六、西洋伯公道光匾

在柔佛笨珍县（Pontian）的北干那那（Pekan Nanas）村镇里，有一座名称颇为特别的庙宇——西阳伯公宫。当地人相信，西阳伯公宫里供奉的主神乃开山圣侯，香火来自西洋港，因此又可称作"西洋伯公"。一九五〇年代迁新村，神明也随西洋港的居民一同迁入北干那那，又言"西洋"与"西阳"音近，故庙名复被转写为"西阳伯公宫"云云。

西洋伯公与西洋港，听起来洋气十足。当地有一种说法，称早在柔佛港主制度发轫前，新加坡英殖民官员就曾为寻找水源，循河流来到北干那那附近勘探并驻留。因为英国人比华人还早来到此处，故称之为西洋港。此传说虽显得望文生义，但与第二次世界大战前，新加坡英殖民政府在当地寻找水源，并修建蓄水池以供应新加坡的史实相呼应，颇值继续玩味。

目前学界对于西洋港所在的考究，基本已有共识。根据本地文史学人李文辉的爬梳，一八八五与一九一三年的《新加坡与海峡殖民地索引》（*Singaporeand Straits Directory*）中皆有记录在槽（Choh）这个地方有个港脚（Kangkar），或拼作See Eo，或拼作See Ngeung Kang，两者其实都是"西洋"的潮汕方言读法，同时也侧证西洋港的"港"字，应作为十九世纪中后期柔佛境内大量出现、主要由华人开辟经营、种植甘蜜、胡椒的垦殖园区——港脚来解。至于Choh之所在，结合昔日的西阳伯公宫口述资料，基本可断定为埔来河（Sungai Pulai）上游支流的而南槽溪（Jeram Choh）一带。

除了庙名，西阳伯公宫还有另一件令人啧啧称奇、至今悬而未解的文物。早在二十年前，由马来西亚学者郑良树与安焕然主持的柔佛潮人史料搜集计划中，便已发现在西阳伯公宫所保存的一块"万世永赖"牌匾（图3），上款为"道光丙申年腊月吉日立"，落款为"沐恩治子枋澜众等敬刊"。查道光丙申年腊月，即公元一八三七年一月初至二月初。单以年份论之，此在柔佛境内是数一数二年代久远的中文文物。此牌匾内容载于稍后出版的《潮人

图3　北干那那西阳伯公宫的"万世永赖"匾

资料来源：莫家浩摄于二〇一七年

拓殖柔佛原始资料汇编》，之后却鲜少被提及。究其原因，或许正如当年亦曾担任柔佛潮人史料搜集计划助理的李文辉自己写在《2018新山华族历史文物馆年刊》里的《西洋港与顺天港》一文中所言："匾额所志年份甚早，似不符合华人大规模迁徙柔佛的历史背景，加之重新漆上红底金字，失去本来面目。对这件文物，我的态度是存而不论。"

　　诚然，孤证不立乃史家素养，因善意修复而导致史料失真的个案也不少见，这一切原本似乎是一条考证的死胡同，但仿佛天意弄人般，同样载于《2018新山华族历史文物馆年刊》里的，尚有一篇由中国学者徐冠勉博士翻译、出版于一七八〇年的荷兰文献，题为《关于甘蜜的报告：它在马六甲的种植和制作》，原作者亚伯拉罕姆斯·库佩勒斯（Abrahamus Couperus）是当时荷兰东印度公司驻马六甲的初级商人（onderkoopman），文中相当详细地介绍了十八世纪马六甲海峡沿岸的甘蜜种植与制作方法，其中最让我在意的，是他提到了一七五八年，人们开始从位于马六甲南部的"Pontjan"将甘蜜种子引进马六甲栽培一事。

"Pontjan"所指何处？若在马六甲以南，最有可能的选择，必然包括笨珍。我们知道，在一七三〇年代，廖内的武吉斯副王（Yang Dipertuan Muda）达因仄拉（Daeng Chelak）已开始引进华人到廖内群岛开辟甘蜜种植园。笨珍与廖内群岛仅有一水之隔，因此一七五八年的笨珍地区，确实有可能出现甘蜜种植园，甚至会有华人参与其中？从这点出发，一八三七年的"万世永赖"牌匾，或许就不再仅仅是一个突兀的发现那么简单了。

然而，若单凭一篇荷兰文章，便想鲁莽地证明华人在柔佛港主制度发轫前的十八世纪便已涉足笨珍，或武断地认定西阳伯公宫里的牌匾便是上述铁证，显然不够审慎。我们必须坦诚面对一七五八至一八三七年之间的相关史料空白所带来的不确定性，甚至连牌匾落款的"枋澜众"究竟何许人也，仍亦待解。不过历史研究追求的也从来就不是一锤定音，所谓终极正确答案或许永远不会找到，但其中不断推敲、摸索、求教与自省的过程，不也是乐趣与价值所在吗？

七、大伯公的午宴

蹒跚于田野，六感并用实属家常便饭。除了眼观、耳闻、口

图4 午宴中的相谈甚欢

资料来源：莫家浩摄于二〇二三年

问、鼻嗅、体行，舌尝也是重要一环。本人生性好吃，四处勘察走访时总想尝鲜，一饱口福之余，也图通过味觉，体验当地的风土。二〇一三年，机缘巧合下，我路过柔佛哥打丁宜县南部一处名叫巴西高谷（Pasir Gogok）的偏远小村落，恰巧赶上村里的大伯公诞，被村民盛情邀请共进拜祭后的午宴，大快朵颐，久久难忘。尔今大疫已缓，巴西高谷复公开庆祝大伯公诞，经友人连番邀约，我便抽空重返故地，以解嘴馋。

先说说地方。巴西高谷位于柔佛河河口东岸，三地河（Sungai Santi）河口北岸，往南望去，西边有德光岛，东边有边佳兰山，背靠广袤的油棕园丘，昔日则为橡胶园，二战以前属于日本三五公司的三地园（Santi Estate）。巴西高谷早在一九二〇年代便有村落，写作Pasir Goh，早期也常被译作"巴西咯"。查Goh一词亦可作Gagok，乃鱼名，本地市场上也称Duri，中文学名为斑海鲶，常见于河口海岸浅滩，背鳍有毒刺，弄潮人很容易因误踩而受伤。巴西高谷恰好就有一大片的浅滩，是故其地名或许就源于此鱼此滩。

研究一般认为，巴西高谷于一九三〇年代已有华人居住，以丰顺客家人为主，大多从事割胶、务农、烧炭等。而巴西高谷大伯公有新旧庙之分，旧庙在村子周边的义山里，具体创建年份不详，可能也始于战前的一九三〇年代。至于新庙则是在一九九〇年代从旧庙请香火过来，在巴西高谷新村内建成。如今的大伯公诞，新庙、旧庙的大伯公也都要请来，并列坐在主位。

巴西高谷大伯公诞落在农历六月初，一般庆祝三至五天，以六月初六为正日。按当地习俗，大伯公诞期间，村民会将新村大伯公及村里其他庙宇的众位神明请至巴西高谷码头对开的街场设棚"看戏"。正日当天，神厂供桌上除了供奉煮熟的三牲，也会有生猪生羊，而在拜祭仪式告一段落、焚化金银纸扎后，村民便会将三牲与猪羊搬至神厂一侧，熟肉现场分斫，猪羊则如庖丁解牛般拆解，交由在一旁准备已久、负责"厨房"的村民们当场烹饪。这个被称为"厨房"的群体，男女老少皆有，各司其职，乱中有序，指挥吆喝之声此起彼落，地上好几口煤气灶头，或炸或炒或焖煮，充满人间烟火气。

过了一个多小时，所有菜肴准备妥当，人也早已入座，在神厂里开了约满二十桌。照例，村民会先将每一道菜盛出一小碗，摆在神厂的左前方的一张桌上，说是供给各路先人的，同时还摆上一束葱蒜芫荽，待在两叠金银纸间插上香后，现场所有人就可以

图5　午宴开席前的祭祀

资料来源：莫家浩摄于二〇二三年

图6　午宴开席前摆放于神厂左前方的菜肴供品

资料来源：莫家浩摄于二〇二三年

31

图7　巴西高谷伯公神厂一侧忙碌的"厨房"

资料来源：莫家浩摄于二〇二三年

图8　巴西高谷伯公诞现煮的羊肉咖喱

资料来源：莫家浩摄于二〇二三年

开吃了。由于年年供品都大同小异，今年的菜色也与我十年前吃的差不多，除了现成的烧鸡、卤鸭，还有用拜过的豆干及生猪肉现焖的豆干猪肉，现煮的羊肉咖喱（图8）、现炒的米粉和什锦菜，还有酸菜汤。其中羊肉咖喱又软又不膻，村民说是路口的养羊场养的吃草羊，今早才宰，结合独特的咖喱配方，如梦似幻。桌上的菜吃到一半，"厨房"还会过来加菜，宛如流水盛宴。

席间我问起：既然伯公诞的平安宴前一晚办了，那如今这午宴又该称作什么？村民们都被我搞得很茫然，只能答说："今天是大伯公的生日，所以大家就在一起煮吃来庆祝罢了。"朴实的回答让我想起好几年前也曾品尝过他乡庙诞将供品现场烹煮的滋味，亲睹村民齐齐下厨聚餐的画面，但随着当地人口离散，如今已成绝响。或许此一习俗，既要在方言群相对单一、地理又相对偏远、风俗雷同、关系紧密的社区里才容易形成与存续，同时又要克服时代变迁、人口外流的挑战，才不至于改风易俗。

吃饱临行，我向村里的老人家打趣说，以后要带多多的人来吃伯公的生日午宴，老人家很高兴地答道："多点人来吃好，才会旺，伯公开心。"对于仍有二三十户华人的巴西高谷而言，这既是热情的呼唤，也是暮霭的烟波。

八、港门溯源

二〇二二年，我在马六甲进行田野踏查时，本地文史学人赖碧清告诉我，在马六甲爱极乐（Ayer Keroh）一带，有个一年一度的

图9 中元庙四大港门普度的石制先人炉

资料来源：莫家浩摄于二〇二三年

"中元庙"普度习俗，与当地的"四大港门"有关，听得我心动神驰，于是排除万难，于隔年农历七月的尾声赶赴现场，试图一窥其真容。

中元庙位于今天爱极乐的六条石（Batu 6）路侧下方的一块平地，与其说是"庙"，其形态更像是座无门无墙的小亭子，在唯一的祭台上摆放着唯一的石香炉，根据所刻铭文可知，此炉为"中元庙先人炉"（图9），年份为民国癸亥（即公元一九二三年），下款有"信仕合立"字样。换句话说，今时今日的中元庙，已至少存在百年。另据一块立于一九四六年的金属板的记载，该年有一信士王泉源，奉荐了一段胶园地以作为秋祭用途。当地人告诉我，该段胶园，便是中元庙所在之处，而王泉源乃马六甲市区峇峇（华人后裔中对男性的称呼），二战时曾避难于爱极乐，承蒙村民恩惠，故战后有此善举云云。

前来参赞普度的乐龄长辈们说，中元庙每年只做一件事，即农历七月二十三的中元普度，由当地"四大港门"华裔居民所组织操办。关于这四大港门所指何处，不同人的说法或都略有出入，但一般咸指中元庙周边的爱极乐、武吉波浪（Bukit Beruang）、武吉峇鲁（Bukit Baru）和双溪布达（Sungai Putat）四处地方。从当天午后开始，各路信众便会陆续携带自家准备的供品前来拜祭，也正因如此，这里并不像现如今普度法会上常见的统筹统办、内容划一的一桶桶福份，而是一箱箱、一篮篮、一盘盘五花八门、充满个性的私房货。此外，陈列于先人炉前的五牲，除了烧鸡、烧鸭，尚有鱼、虾、蟹、蛤、乌贼，这些海鲜不仅都是生的，甚至螃蟹都还活着，其他则早早撒上了盐巴，据说是为了保鲜。等晚间普度仪式完成后，这些牲品都会当场下锅烹煮，油烟香气扑鼻，顿时使醮场转作深夜食堂。听老一辈说，旧时还有生猪、生羊，待晚间仪式结束后，要将猪羊置入作井的水泥圈中，上面铺干冰以保存到隔天供午宴烹煮，因此夜里还要安排人手，在中元庙守夜顾肉哩。

回到"港门"一词，马来西亚学者白伟权以其对十九世纪霹雳锡矿产业发展研究为基础，根据英殖民地官员文献对"港门主"的描述，提出了"港门系统"的概念；认为港门一词源于早期南来的客家人用语，原意为江河水道的入口，后来引申指代通过河流实现商品与人口流动的矿区；所谓港门主，即是从马来土酋处获得矿区专利权的华人头家。近年专研马来西亚本土地名的文史学人雷子健则更加直截了当地认为，港门即是早期本地粤客方言群对于矿地的俗称，如霹雳太平的甘文丁（Kamunting）俗称"新港门"，便是一例。

事实上，在砂拉越州（Sarawak），至今仍能找到许多"港门"，如在新尧湾（Siniawan）有八大港门，石角（Batu Kawa）则有十二港门的说法等等。据台湾学者罗烈师的看法，砂拉越的港门即村落之意，因地处临河之故而被称作港门。然而，若欲将港门与矿区、矿地相捆绑，新尧湾或许尚能成立，但石角的开发史却是农业色彩浓厚，似乎与采矿关系薄弱。即便回到马六甲，中元庙普度的四大港门，当地早期产业发展史也以菜园和树胶为主，似乎也与矿业无直接联系。然若退一步言之，这些地处内陆的港门，都普遍与客家方言群有较强的关联。马六甲的四大港门居民原以陆丰人为主，时至今日主持中元庙普度仪式的也仍是陆丰道士。而无论在砂拉越州还是马六甲，19世纪中叶的客家移民也确实大都与采矿业相关。

因此，在我看来，早期的港门或许真的是对矿区或矿地的俗称，但随着人口流动及产业变迁，便出现了地名泛用化现象，港门一词被使用在新的产业聚落之上，成为与矿无关的村落社区代名词，其意义也自然被不同时空所替代。恰如我向四大港门的长辈们询问港门为何物时，他们先是不解我的不解，进而解释港门就是港门，最后看我一脸呆萌，为了帮助我理解这么简单的名词，只好告诉我说："港门就像新村（New Village）一样。"想来我们彼此都知道港门不可能是马来亚紧急状态下设立的华人新村，却又明白它便是家园、邻里及社会，是残留在历史余烬中的名字，却承载着当世的记忆，构筑且维系着人与人关系的港门。

第二章

山和海之间

一、出门须防白礁屿

二〇二一年六月中旬，新加坡尤索夫伊萨东南亚研究院（Institute of Southeast Asian Studies, ISEAS）的海洋考古学家宣布，在白礁附近海域发现的两艘十四世纪与十九世纪的沉船中寻获大量水下文物，其中更包括稀有的中国元代青花瓷器，引起考古与历史学界瞩目。

白礁的得名，盖因礁石上曾布满白色的鸟粪，在海上格外显眼，因此无论在古代中文、马来文或葡文的历史文献里，都以"白礁"（Pedra Branca 或 Batu Puteh）称之，并沿用至今；又因为白礁位于柔佛海峡及新加坡海峡的东部门户，潮水遄急多变，海面下暗礁密布，因此也成为古代往来印度洋及南中国海之间船舶的梦魇。十六世纪的荷兰航海家范林斯霍滕（Jan Huyghenvan Linschoten）在其航海游记《范氏葡属东印度航海纪行》（*Itinerario: Voyage ofte schipvaert van Jan Huygen van Linschoten naer Oost ofte Portugaels Indien, 1579–1592*）中就曾如此描述白礁海域的凶险：

> ……往来中国的船舶常常得冒险穿越这里，当中有些被永远留了下来。每当航至此处，水手们都要蒙受在其他水域所未有的巨大恐惧……

对于进出海峡东部门户的船只而言，如何让自己航行在一条相对安全的水道，对于保障船舶、人员及货物来说，无疑是至关重要的。而与白礁遥相对应、一同"拱卫"海峡东部门户的，是马来半岛东南端的拉勿尼亚岬（Romania Point 或 Tanjung Ramunia）岸外的罗汉屿（Romania Islands 或 Pulau Lima）。据边佳兰当地沿海华人口耳相传的说法，罗汉屿原来共有十八座礁石，其中半数为显礁，另一半为暗礁，后来随海平面上升，海面上的显礁仅存五座，因此得名 Pulau Lima（意即"五屿"）；又曰早年在罗汉屿礁群，曾插有一根长长的竹竿，予往来船只警示，当地华裔老渔民遂称之为"三宝竹"云云。

如此一来，海峡北边的罗汉屿和南边的白礁，便是由古至今的水手们进出柔佛及新加坡海峡时务必用心回避的险地。中国明代张燮所著、一六一七年成书的《东西洋考》卷九《舟师考》所附"针路"（即根据罗盘方位测述的航海路线指南）的罗汉屿条目下，注明了"有浅，宜防，往来寻白礁为准"。此外，大约成书于明末清初的《指南正法》里关于马六甲往厦门的航海路线，也有对船只穿越罗汉屿及白礁时应当注意事项的详细描述：

……用单辰及乙辰三更，取长腰屿，切莫过南边，宜行北边过船，打水十四五托，又防北边罗汉屿北有礁，打水十七八托，正路打水出门须防白礁屿……

十八世纪末，英国东印度公司的首席水文师霍士保（James Horsburgh）开始对新加坡岛周边海域进行勘测，之后出版了水文地理志《印度航行指南》，是近代人类首次对白礁与罗汉屿海域进行科学测量和描述的记录。为了纪念霍士保对海峡航行安全的贡献，一八五一年在白礁落成的灯塔便以其尊姓命名（Horsburgh Lighthouse），并且一直运作至今，为往来繁忙的船只指明海路。

步入现代，不仅由于动力来源早已从风帆改为蒸汽机、内燃机，以及卫星定位、雷达辅助、自动导航等技术的普及，礁石和潮流对于穿行在白礁与罗汉屿之间的商船而言，已难以构成威胁。但对于边佳兰沿海渔民来说，就不是一回事了。在当地捕过鱼的新民伯与我分享他自己发生在一九八〇年代的一次"奇妙历程"：当年几位年轻渔夫想尝试在拉勿尼亚岬附近海域，以流刺网——当地俗称的"放绫"——方式捕鱼，结果因经验不足，错估潮水流向和流速，眼看系在绫网上的浮标朝白礁方向流走，渔夫们心疼渔网，一时想不开，顾不得天色渐暗，开船尾随追收绫网，自然而然就闯入了大型商船的航道。黑漆漆的大海，惊骇于航船红色、绿色的信号灯，小小的渔船仰赖着一盏白光灯，在震耳欲聋的鸣笛声中，船舶驶过而掀起的惊涛骇浪上，一面回收着失落的渔网残骸，一面拼命闪躲着朝自己左右夹攻的大船，狼狈不堪。

一夜过去，天色渐明，渔夫追着渔网，不知不觉已驶到白礁附近，结果塞翁失马，这里网获极丰。但没高兴多久，某国军舰驶近，军人持枪告知渔夫们已非法侵入某国海域，因而要扣押船只、没收渔获、逮捕人员。渔夫们急中生智，表示渔船马达坏了，才不幸漂到这里，并赠送几尾大鱼给军爷表示亲善。岂料对方也很讲义气，表示可以帮忙将渔船拖到廖内渔港靠岸。渔民自然是感恩戴德，同时也"意外"地发现马达奇迹般复活了，于是便怀抱感激挥别军舰，全速返回边佳兰。

四十年后谈起这事，老渔民既心有余悸，又神采飞扬。如果让他知道当年海上的自己，不仅曾与大船和子弹近在咫尺，更与价值连城的元代青花瓷器可能仅百米之遥，又将是几番滋味上心头？

二、病吟之境

说起边佳兰的地名由来，实乃音译自pengerang一词。关于pengerang的词意与来由，当地马来社群普遍流传着两种说法：其一是相传十九世纪便在此垦殖的廖内爪哇裔先民因染上热病，不断呻吟（mengerang）而得名；其二则是传说昔日曾有一位名叫Pengiran的汶莱商人在前往新加坡途中路经此地时染病去世，其同伴遂将他埋于此处，其坟墓日后成为当地人眼中的圣迹（keramat），其尊名也随之成了地名。查Pengiran一词在古爪哇语中也有"王嗣"之意，一再暗示传说中此人尊贵的身份。

上述两则传说既形象又生动，然若细究历史，便可看出其中疑窦。一六一三年出版的葡萄牙学者伊利地亚（Manuel Godinho de Eredia）的著作《黄金半岛题本》（*Declaraçam de Malaca e da India Meridional com Cathay*）一书所附录的地图里，已将柔佛河口东岸的内陆地区标上了"Pangaranian"的字眼，说明边佳兰地名的雏形早在十七世纪便已出现。而无论在十九世纪初的驻新加坡英殖民地官员和学者的勘察记录中，抑或是记载了现代马来文学之父文西阿都拉一八三七年途经边佳兰沿海见闻的《吉兰丹游记》（*Kisah Pelayaran Abdullah ke Kelantan*）里，都不约而同将当地形容为人迹罕至的蛮荒之地。换句话说，流传着上述传说的当地马来先民，极有可能都是在十九世纪中后期才踏足当地，而此时 Pengerang 却早已得名，因此上述地名传说，大抵是早期先民抵达当地后，望文生义的联想产物。

虽说如此，传说本身的出现，往往也与某种时代背景或在地环境有关。这两则传说的内容都不约而同与病疫相挂钩，或许恰恰反映了当地在十九世纪中后期以来垦殖活动中的实际经验。当时边佳兰沿海地区地势低洼，内陆原始森林密布，瘴气肆虐不在话下。加上无论从海峡殖民地（Straits Settlements）的新加坡还是柔佛天猛公（Temenggong）治下的新山出发，边佳兰都是地处偏远的边陲地带，能投入当地的卫生医疗资源自然非常有限。一九一〇年以后，柔佛接纳英方派驻顾问官（General Adviser），柔佛政府自此开始对边佳兰当地的卫生防疫问题多了一分关心，但主要仍以人道主义与避免当地橡胶大园丘内发生大规模传染病为主，而当时在整个边佳兰地区，也只有日资的三五公司边佳兰橡胶园内设有园丘医院，主要服务的人员也仅限于园丘工人及家属。

有关边佳兰病疫危机的历史记录，始于一九一八年。该年二月初，一艘载有七名海南人的中国帆船，从暹罗驶抵边佳兰登陆，被船夫安置在当地一间屋子里，只待了一日便被员警查获，并惊讶地发现这七名"偷渡客"都患上了天花。两天后，柔佛政府从新山派出一名外科助理和护理人员到边佳兰，并回报说七人当中已有一人病逝，两人病重，所有病患都在距离边佳兰村一英里远的一栋房子里被隔离和治疗，并由护理人员负责替与病患有接触者接种疫苗，同时立刻通知新加坡港口相关疫情。又过了十天，护理人员回报有一名患者病死，但其余五名病患则在慢慢康复中。柔佛卫生局当即加派一名疫苗接种师到当地执行任务并每周汇报疫情，直到病患康复和隔离解除为止。

很难想象，这起发生在边佳兰的疫情小危机，竟引起英殖民地政府的关注。一九一八年三月中旬，新加坡总督表示愿意接受一艘柔佛政府派出的船艇，在新加坡勿洛（Bedok）和边佳兰之间海域日夜巡逻，官员将登上中国帆船检查，并引导它们前往新加坡的丹绒禺（Tanjong Rhu）或新山，换句话说，就是不让这些有染疫可疑的船只随地靠岸。四月初，新加坡方面承诺，港口卫生官和华民护卫司（Chinese Protectorate）正在安排有关熟谙中文的登船官（Boarding Officer）随船执行任务。四月中旬，新加坡当局表示将派出员警部门的一名华人书记担任登船官。此外，所有中国帆船贸易将在四月底或最迟五月中开始全面暂停。

检疫、隔离、禁航，这些如今耳熟能详的字眼，对一九一八年的边佳兰人而言究竟有多大冲击，真的不得而知。对于政府而言，边佳兰从此不仅是国境之南，也是检疫前线，但它又毕竟在边陲，地广人稀，让政府实在提不起劲治理。直到一九三〇年代，柔佛

政府开始针对边佳兰在内的柔佛河流域及东南沿海地区定期派出
医疗艇巡诊。而从一九二〇年代起便沿着海岸线聚落布置的海关
和警岗，则成为监控偷渡入境的前线。

　　一九四〇年四月下旬，柔佛东南沿岸又出现数十名来自海南
的难民，其中有不少呈现疑似天花症状，惊得柔佛总警长通报其
上司柔佛顾问官，要求将这些难民统统送去新加坡棋樟山（St.
John Island）的检疫隔离设施，柔佛政府行政会议也开会议决应当
如是处理。唯柔佛卫生局首席医官平静地通知众人，棋樟山不会
接受出于这种理由的遣送要求，况且经他派员与新加坡同侪检查
后，这些所谓天花疑似病例，其实都只是出水痘而已，纯粹虚惊
一场。

　　翻阅历史档案至此，既感慨旧时卫生条件不济对这一隅百姓
带来的不便与威胁，而品味昔日官员们面对边佳兰这个以病吟为
名的边陲之境暴发疫情可能性时，那严阵以待的紧张感和行动力，
处在大疫甫歇的今天，如何不令人沉思。

三、观音寺山

　　观音山（Bukit Pelali）位于边佳兰内陆，距离柔佛南部著名旅
游胜地迪沙鲁（Desaru）西南二十余公里，而从观音山往南驶七公
里，便可抵达以龙虾闻名的四湾（Sungai Rengit）。从一九七〇年
代起修筑了二十年才开通、衔接哥打丁宜与四湾的联邦公路，正
好从观音山阳一侧通过，对于外地人如我，每每见到观音山，便

知长路漫漫，终点将至；至于边佳兰人，观音山既指引着回家的方向，又可以是思乡心灵的寄托。原籍边佳兰的新加坡作家流军，其以故乡为原型的小说《蜈蚣岭》，开篇便讲述了一个看似熟悉，又充满魔幻色彩，仿佛源自多重宇宙的观音山：

> 观音山位于柔佛州极南端，是马来半岛东部山脉的余脉。峰峦连绵起伏，向北迤逦而去。山腰上悬崖峭壁，怪石嶙峋，气势十分险要。主峰直入云霄，峰巅上终年雾气缭绕，神秘莫测。山脚下是一片广无边际的原始森林，终年阴森森，湿漉漉，阳光照不进，鸟雀也迷路。树上群猴栖息，林中野猪成群，白天山鹰盘旋，夜里熊嗷虎啸……

图10　观音山变貌

资料来源：莫家浩摄于二〇一七年

　　现实世界里的观音山，山形呈金字形，地质上属于本地颇常见的铝土岩（Bauxite），红泥、红石上长满热带雨林植被，没有峭壁悬崖和嶙峋怪石，海拔其实也只有说不上是直入云霄的一百九十米左右。即便如此，连同观音山在内的边佳兰内陆丘陵地形，其"峰峦连绵起伏"的地貌特征，却早早就作为海上航路的地标，数百年前起便被航海者所铭记。一六一五年出版的一幅由伊利地亚所绘制的地图中，在柔佛河口东岸标示着"Barubuquet"。所谓barubuquet，即马来语berbukit，亦可作merbukit，有"丘陵层峦"的含义，估计是当时水手与地图绘制者们，对包含边佳兰山、观音山等小丘的边佳兰内陆丘陵地带之概括统称。十九世纪初起，在欧人绘制的地图上，berbukit或merbukit一词开始被用来特指今天的观音山，并明确其与南中国海的白礁、廖内的马鞍山（Gunung Bintan Besar），三者一道作为导航进出新加坡海峡东部门户地标。

　　步入二十世纪，作为山名的Berbukit逐渐失传，改由Bukit Pelali取而代之。在马来语中，Pelali有"解脱""麻木"的意思，如ubat pelali，即麻醉药是也。观音山为何会被取名Bukit Pelali，仍是个待解之谜。相对而言，中文的"观音山"出处来由，就明显清晰许多。一九五〇年代，在柔佛政府所作的一份华人庙宇普查报告中，记录了一段相信是源于边佳兰村民口述的典故，里面提到边佳兰三湾（Sungai Buntu）的观音寺，最早其实坐落在"观音寺山"山脚的港脚土地上，庙内供奉的观音佛像，系由当地组织种植甘蜜的孙厝港和蔡厝港的两位港主（Kangcu）从中国带来，奉祀于本地，以求保佑港脚丰收，人口平安兴旺。后来随着甘蜜种植业衰退，一九二〇年代初，五名港脚华工将观音山下的菩萨迁出荒废的港脚，再由边佳兰沿海华人合资合力，在三湾海边重建了观音寺云云。

上述政府档案文献所记载的典故，与我于二〇一二年亲临三湾进行田野调查时收集到的当地耆老口述版本几乎吻合，由此大致可以确信，边佳兰观音山之得名，实源于其山脚下曾建有一座观音寺庙之故。后来又有四湾的父老告诉我，相传在日据时期有华人遁入内陆森林避难，曾躲在观音山的旧观音寺遗址中过夜；一九六〇年代，更有村民半夜打猎时，在山林中无意见到疑似旧观音寺遗址。除此之外，甚至有好几位曾出入山林的边佳兰村民，宣称自己曾在观音山脚见过不少颇具规模的华人古墓哩。

遗憾的是，紧随联邦公路开通而至的房地产开发，将观音山脚又彻底翻铲了几遍，落个干干净净，无论是古刹遗址，还是古墓遗迹，大概都难以复见。唯我本人在二〇一二年仍有幸在观音山脚下见过一座立于清代丙子年（公元一八七六年）的古墓（图11）。根据碑铭，墓主乃嫁入陈家的李姓女子，碑文未见其祖籍，墓碑下部深埋在枯叶腐土中，难以刨开确认。观其墓制风格，与十九世纪柔佛境内的潮汕籍坟墓制式颇雷同，成为极少数实物得以被记录下来的早期华人在观音山脚下活动之金石文献。

因马来西亚政府推动的石化工业园征地之故，如今的观音寺已从边佳兰三湾迁至六湾（Tanjung Sepang）；观音山的房地产开发也乘着发展蓝图的势头迎来新高峰，又将山体削薄一圈，红泥裸露，连年土崩，眼见昔日寄寓乡思的观音寺山越来越秃，不禁叫人头皮发麻。

图11　观音山脚下的清代古墓

资料来源：莫家浩摄于二〇一三年

四、观音寺碑匾

　　时光回溯至一九一〇年代，当时柔佛甘蜜种植的荣景不再。根据柔佛政府档案记录，在边佳兰，一些离开甘蜜种植园的港脚工人开始从内陆迁至沿海一带生活。大约在一九二〇年代初，五名昔日港脚的工人，自发一同回到观音山，将仍留在该处的观音寺佛像金身，奉请至边佳兰大湾（Sungai Kapal）与三湾交界的鸡丘（Bukit Ayam）山脚下奉祀，尔后盖了一座小庙。后来，边佳兰一带的华人齐心协力，将观音佛像金身从大湾的鸡丘迁至三湾海边，

图12　三湾观音寺"慈云普照"匾

资料来源：莫家浩摄于二〇一五年

并于一九二五年在三湾建成一座规模更大的庙宇，而这便是今天三湾观音寺的由来。

作为一九二五年庙宇落成的证据，三湾观音寺如今仍保存着两件文物，也是边佳兰地区罕见有年份可考的二战前庙宇金石材料。一为原本悬挂在观音神龛顶上的"慈云普照"牌匾（图12），上款曰"民国乙丑年三月吉"，换算为公历，即公元一九二五年三至四月间；落款为"梨嘲合港众弟子仝敬"，初次见到，着实有点伤脑筋，甚至一度猜想，旧时边佳兰莫非有处地方叫作"梨嘲合港"？

翻阅文献资料未获解答，二三个月后重返当地考察，我试探性地问观音庙理事"梨嘲合港"在哪里，对方一脸茫然。于是我带他到了庙里，指了指高挂的匾额，对方才恍然大悟般解释道：这匾的落款"梨嘴合港众弟子仝敬"上面本来还有一个"彭"或"唪"字，但在二〇〇四年观音寺大重修时，庙方将这块牌匾外缘添加上木框，恰好遮着了该字，以致落款只剩下"梨嘴合港众弟子仝敬"而已。

于是，害我苦思数月的难题，顿时有了个说法。若真是如此，则所谓梨嘴，实为唪梨嘴，即Pengerang的潮汕或福建方言音译；而所谓唪梨嘴合港，大抵是指边佳兰全境的港脚和村落之意。但问题来了，一九二〇年代才从内陆迁来三湾的观音寺，真能得到当时边佳兰全境，特别是沿海华人居民的敬拜吗？关于这点的线索，就要说到三湾观音寺的另一件文物——"重建座佛祖庙乐捐银芳名碑"（图13）了。

"重建座佛祖庙乐捐银芳名碑"原本伫立在三湾观音寺庙前，立碑年份为"中华民国拾四年岁次乙丑桐月"，即公元一九二五年三至四月间，与庙殿内的"慈云普照"牌匾一致。这块芳名碑的大部分字迹都非常模糊，经仔细粉拓后，可统计出上面一共刻了二百三十九个捐款人名或商号，总计筹得叻币三千一百八十四元，在捐款人数与金额方面，甚至还超过了同时期边佳兰华侨公学修筑校舍筹款的成绩。

三湾观音寺的这块芳名碑还有一处谜，即在碑文右侧下方，很突兀地刻有"三五公司文岛捐艮五十"的字样。所谓"捐艮"，即"捐银"，捐献金钱之意，并不难解。之所以说突兀，是因为"三五公司文岛捐艮五十"这几个字，与上款的"重建座佛祖庙乐捐银芳名开列于佑"相比，两者字形明显有异，似乎不是同一时

图13　三湾观音寺重建座佛祖庙乐捐银芳名碑

资料来源：莫家浩摄于二〇一三年

期、经同一人手所刻；且虽然仅捐款叻币五十元，其字体却比捐款数百元的人名还要大得多；最后，既然碑文说捐银芳名乃"开列于佑"，所有芳名也确实是刻在"重建座佛祖庙乐捐银芳名开列于佑"的右边，那又为何这笔三五公司文岛的捐款记录，却是落在"重建座佛祖庙乐捐银芳名开列于佑"一串字的下方，出现在石碑的角落呢？

要解开这个谜团，还得从"文岛"一词找起。一九○六年起，日本人爱久泽直哉创立的三五公司开始在边佳兰地区购置土地，进行热带种植的尝试。一九一○年代起，三五公司成功在柔佛开辟了上万亩计的橡胶园，其最早拥有的边佳兰橡胶园也扩充至数千亩的规模，成为当时日本在马来半岛的橡胶种植业摇篮。根据一九二○年代末至一九三○年代初的柔佛卫生局年报记载，当时三五公司边佳兰橡胶园的驻园医生中村氏（Nakamura），每个月都会到一个名叫"Buntoh Estate"的园丘出诊。若用潮汕或福建方言发音，"文岛"正好可以读作Buntoh，而三湾的马来语地名Sungai Buntu，Buntu又音近Buntoh，因此三湾观音寺芳名碑中的"三五公司文岛"，应该便是柔佛卫生局年报中记载的Buntoh Estate——一个位于边佳兰三湾、如今早被遗忘了的昔日园丘名称吧！

至于为何"三五公司文岛捐艮五十"会出现在碑中如此突兀的角落，在我看来，有可能是"文岛园"的创建实际晚于一九二五年三至四月观音寺新庙落成时，因此于一九二五年当下并未捐款，待石碑刻好后方才补捐；同时或许是因为"文岛园"在三湾的地位，加上它与雄霸边佳兰的三五公司有关联，尽管捐献金额不多，

"三五公司文岛"的"芳名"依然被硬凑刻在碑的一隅，字体还刻得比其他捐得更多的人名还要大吧！

一九五○年代柔佛政府的华人庙宇调查报告里，将三湾观音寺形容为边佳兰境内规模最大且最受崇信的神庙，广受当地福建籍、潮籍与客家华人——尤其是女性所膜拜，被视为可以保佑边佳兰全境老百姓平安、兴旺与长寿。通过释读庙里保存的文物内容，也在一定程度上说明了二战前三湾观音寺在边佳兰的地位。二○二二年六月，受政府发展石化工程征地而逼迁的百年古刹观音寺，成为二○一二年以来因征地而迫逼迁的边佳兰华人庙宇当中，最后一座圆满落成、晋殿安坐的神庙。遥想近百年前，观音寺也曾因产业变迁之故，从观音山辗转迁至三湾落户，如今历史不仅形同再现，文物与记忆也得以在六湾延续，长叹之余，犹感庆幸。

五、观音游神

二○二二年六月，三湾观音寺准备乔迁至六湾。在迁庙最后阶段，如何将观音寺诸神明金身护送至新庙并进殿开光，无疑是关键。为此，庙方在当年六月三十日上午，举行了一场迁寺晋阙大典，我受邀观礼，有幸亲身参与观察这场百年难得一遇的盛事。

话说从头，三湾观音寺当年被逼搬迁时，观音金身被暂时寄放在主祀"四位王府"的四湾宝安宫殿内安置。在边佳兰，将神明寄放在别的庙宇并不稀奇，在此之前，早有若干受逼迁影响的沿海神庙，将神明金身寄放在宝安宫，待六湾新庙落成后方才将神明金身请回新庙安坐的先例存在。作为除了六湾诸新庙以外，目前边佳兰一带建筑空间面积最大的华人传统神庙，宝安宫也有客观上成为诸神明"中途之家"的条件。当然，村民朋友的解释，永远都会比我们这些外人的推敲更合情理：宝安宫内也奉祀南海观音，三湾观音恰好也是南海观音，既然有如此这般渊源，当然要当仁不让了。

三湾的观音要从四湾的宝安宫出发前往六湾新庙，路途起码有十公里远。为了完善这最后几里路，各方讨论的结果是办一次游行，队伍离开宝安宫后，将往西抵达四湾街场并绕行一周再往东，朝六湾进发。在边佳兰华人传统中，跨村落的游神巡境并不多见，其中比较典型的是四湾凤山宫及宝安宫的游神。循例，凤山宫以三年为一周期，会在农历三月天后诞期间前往新加坡天福宫刈香，随后会将香火循海路送回到边佳兰，在三湾观音寺前的海滩上岸，与在海边等候的天后妈祖神轿会合后，浩浩荡荡将神明与香火迎回四湾，并在街场绕行。凤山宫最后一次举办刈香巡境是在二〇一九年，当时由于填海工程，昔日的三湾海边已不复存在，小船也无法靠岸，于是改在更远的边佳兰码头上岸，再乘车回到四湾。宝安宫的游神则由神明降乩指示，基于不同缘由而举行，属于不定期的游神，路线也不固定，但同样只会在四湾街场绕行。

本次三湾观音迁寺游行，其中一处特点，在于作为原三湾或即将落户六湾的三湾观音，此番却在四湾进行"绕境"，在我的认知中，此事当地实属罕有，乃至首见。也有村民告诉我，疫情肆虐两年有余，如今难得有机会，自然要办游神，以求净土驱邪，保境平安。

图14 礼篮里等待出游的神明

资料来源：莫家浩摄于二〇二二年

图15 三湾观音寺迁寺晋阙游行，途经边佳兰四湾街场

资料来源：莫家浩摄于二〇二二年

除此之外，依我观察，这场别开生面的游行，其中有许多元素都相当契合边佳兰当地华人的传统。例如神明金身从庙里请出来时，被摆放在华人的传统竹编漆器礼篮里抱着，或直接赤手捧着金身出庙，步行或乘车参与游行。这点在边佳兰沿海诸庙事里属于通例，在外地就比较少见了。此外，游行队伍途经四湾山福寺及五湾（Teluk Ramunia）新凤山庙前，皆有稍事驻留以进行换香和敬礼仪式，即由观音寺理事会主席将手中点燃的大香插入这些庙宇的香炉；相应地，这些庙宇的负责人亦会点燃一支大香，插入三湾观音出游的香炉前，并献上元宝纸钱作为回礼。过去四湾凤山宫举行刘香游神，当香火在三湾观音寺前海滩上岸并摆入妈祖神轿内，凤山宫妈祖也会对三湾观音寺的观音做类似的换香敬礼之仪。

图16　换香敬礼

资料来源：莫家浩摄于二〇二二年

从学理来说，当地人习以为常的元素，出现在百年一遇的观音游神中，恰好说明了这场跨越村境的游神，仍然具备着当地在石化填海工程迁村之前的村落格局特性。村落与村落之间，纵使存在着经济发展与地方行政架构上的落差，但在村民精神世界里，各湾村落彼此是平等的，庙宇及神明自然也是平起平坐的。乘坐礼篮参与迁庙仪式的各庙神明，只有主客之别，并无跨庙宇的等级关系，途经他庙时，也只是礼貌性地相互问好，而不是分香从属关系。随着三湾观音寺正式落户六湾，原本来自沿海各村落的八间庙宇终于齐聚六湾神庙村，百年变化的要素貌似已凑齐，未来如何变化，且留待吾辈跟进。

六、老清明，新清明

在马来西亚，清明时节是华人传统扫墓祭祖的日子。清明是农历二十四节气之一，落在春分之后、谷雨之前，此时万物生长，天气清爽，在古代中国，清明并无特别的祭祀活动，而中原地区的祭祖日子，原是农历三月之初的寒食节，后来寒食节渐渐式微，扫墓习俗也被清明所继承；另一个与清明隔得很近的旧节日，是农历三月初三的上巳节，既是古人春浴祓禊、净身驱邪的吉日，也是文人聚饮、男女郊游的良辰。在马来西亚，有些本地福建人或潮州人，也把三月初三这一天称作"古清明"或"老清明"，是他们传统上扫墓祭祖的日子。

二〇一三年，我在柔佛东南端的边佳兰沿海跑田野抄墓碑，闲

图17　四湾福潮亭义山一瞥

资料来源：莫家浩摄于二〇一六年

图18　福潮亭义山的伯公庙

资料来源：莫家浩摄于二〇一三年

暇时也上马来西亚国家档案局柔佛分局查找资料。有一次，我无意中看到一份一九五〇年代的政府档案文献记录，提到在边佳兰的四湾的福潮亭华人义山上要拜两次清明：一次是阳历四月五日的新清明，另一次是农历三月初三的老清明。

新老清明的说法，引起了我的兴趣。四湾华人习惯上将自己的村落划分成两大区块，即村子西侧的令宜河畔两岸的"港内"，以及港内以东直至联邦公路旁的"东边"。港内与东边的边界形成，或许是早期当地华人的定居与谋生方式导致。论籍贯，港内的居民以漳州语系的诏安人为主，东边则以泉州语系的晋江人为大宗。过去，四湾岛的华人渔民曾广泛使用一种被称作"七星网"或"沉钩"的方式在近海捕鱼，这两种捕鱼方式对海域界限较为敏感，港内与东边的渔船素来在各自的海域进行七星网捕鱼作业，并在各自的海湾范围内停泊，井水不犯河水。

在我看来，四湾福潮亭义山上的老清明与新清明，就是港内与东边昔日内部边界的历史印记。当地口述中，港内与东边华人拥有各自的清明祭祀组织，前者在"老清明"（农历三月初三）上山祭拜，后者在"新清明"（农历三月初六）上山祭拜。在边佳兰沿海村落中，新老清明分开祭祀的做法只出现在四湾。类似的情况也发生在诏安人与客家人比较多的头湾（Kampung Jawa），当地的华人墓地曾分为福建义山与广东义山，当地绝大多数诏安人都选择葬在前者，客家人则多选择后者，或许是因为早早便有两座按籍贯划分的义山，当地的清明节只有一次，彼此在各自的义山，各拜各的即可。

一九四八年英属马来亚宣布紧急状态后，政府在四湾征地，并

图 19　四湾东边的小码头及晾晒的沉钩网

资料来源：莫家浩摄于二〇一六年

于一九五〇年代初设立四湾华人新村，将四湾及散居其周边的华裔人口集中迁置到新村内，强制迁置与人口密度骤增，便在由东西两边共用的学校及坟场基础上，进一步打破了港内与东边原有的社区边界。如今港内与东边的华人居民已日益交融，彼此基于旧有籍贯与产业形成的社区边界也趋于消解，在日常生活中的衣食住行、教育乃至公共事务方面都不再区分彼此。唯有在当地华人的传统节日祭祀活动中，依旧可隐约感受到港内与东边畛域的遗绪。

本以为新老清明的谜底已经揭晓，就在两年前，当我与四湾耆老永川伯聊天时，却意外打听到了一个有趣的说法。话说四湾福潮亭义山之所以分别由港内与东边各自上山祭拜清明的原因，其实是早年港内与东边村民为了争夺清明义山公祭过后的供品而彼此在山上大打出手。而这个足以引发冲突、造成日后当地新老清明格局导火索的关键供品，竟是鸦片！看来义山不仅是社区方言群边界的见证，也是曾几何时的一次"迷你鸦片战争"古战场！

七、东边普度

上文提到，在四湾华人的认知中，"四湾"乃由"港内"和"东边"两部分组成。然而，港内与东边的界限并不明确，也不存在于政府档案中，而是一种约定俗成的观念，存在于本地人的意识中。如果硬要较真，本地人会将纵贯四湾新村的古楼路（Jalan

Kurau）视为港内与东边的交界；举凡四湾的华人坟场（福潮亭义
山）、华校（育本学校）、车站和商业街区等，则被视为是港内与
东边人共有的公共场域。

除了前述的新老清明公祭，港内与东边畛域遗绪的另一个例子
是中元祭祀。作为当地华人社群的传统节日之一，每逢农历七月，
港内与东边的华人居民一般都会在各自家中祭祀祖先，并且在居
所外祭拜无主孤魂。一九五二年的新加坡《南洋商报》一篇署名
《永春峇峇》的文章，记叙了当时四湾华人家家户户进行中元祭祀
的盛况：

> 笔者于阴历七月十四夜，寄宿四湾岛华侨学校。当晚从十
> 时起，左右邻近的居人，正忙于预备着明天"七月半"：一年
> 一度的"普度节"，东南西北一阵阵的杀猪猪叫声，吱吱喳喳
> 哀鸣着，缭绕在我的耳畔，使我辗转而不能入寝，直至五更将
> 近时分，我却也不觉昏昏睡去这才无闻。
>
> 第二天，也许是因为失眠的缘故，我起身时已是日上三竿
> 了。午餐过后，整个岛上似乎弥漫着香烛和金银纸那烧炉的气
> 味，原来家家户户开始恭请神鬼来享的拜祭了。

七十年后的今天，中元节仍旧是四湾华裔居民家家户户普遍
祭祀的节日。然而史料显示，超越一家一户范畴、属于社区集体
祭祀的中元普度活动，相对较晚才在四湾出现。举办中元普度的
四湾华人团体或庙宇，包括四湾佛教会、港内码头、四湾法主宫、
青山庙、真空教应光道堂、东边宝安宫、边佳兰教会紫焕阁等，

其中以宝安宫的庆中元会的起始年份较久、延续至今，且颇具规模。该庆中元会始于一九七〇年代初，由渔民在东边的鱼寮举行。其缘起据说是因为一九七〇年代初的东边海域发生多起海难，因而才在宝安宫四位王府下乩指示下举行普度以求安靖。

据我观察，如今的宝安宫庆中元会仪式，皆面向海面进行，除了在海堤设置临时香炉外，也在海堤旁烧化祭品，体现了此一中元普度活动历史上与渔民及海难的渊源。而相传早期东边普度曾发生一场"意外"，当地村民至今犹津津乐道：话说当初请一位道士过来主持普度仪式，最后在抛撒供品时，东西撒光了，竟抓起地上的沙子来撒，犯了不敬的禁忌，结果仪式未完就口吐鲜血云云。故事玄乎，真伪难辨，但足以显见当地人对东边中元普度的敬慎态度。

步入一九八〇年代，在时任宝安宫四位王府乩童的积极推动下，一方面大兴土木，发起重修宝安宫，另一方面则对其周边的小庙伸出橄榄枝，或纳入宝安宫内，或维持密切关系。在此氛围下，一九八〇年代以后，东边鱼寮的中元普度移至宝安宫海边举行，逐渐成为宝安宫的中元普度活动。保安宫的中元普度的参与者也不再局限于东边渔民，而是开放让其他村民信众参与助普。迨至二〇〇九年宝安宫大礼堂落成后，则移入礼堂内继续沿办。在组织上，宝安宫庆中元会也逐渐改由宝安宫理事会代为筹办。

回到仪式层面，普度伊始，宝安宫的乩身会在宫内神前扶乩，先请来庙里供奉的主神四位王府降驾主持，众人再将庆中元会的彩绣高挂在礼堂里，在四位王府金身监督下，将覆盖在大士爷头部的红布取下，完成开光。彩绣上绣有中元普度常见的大士爷形

图20　四位王府亲督海边烧化供品
资料来源：莫家浩摄于二〇一七年

象，右手举着"分衣施食"的令牌，布帐两翼绣有对联曰"千秋载德永长明，万古恩光垂普照"，横批曰"四湾宝安宫庆赞中元"。

　　乍看之下，大士爷是普度的主神，然而在大士爷布帐开光、退神、监督祭祀和烧衣施食等仪式环节中，皆由宝安宫四位王府发挥核心作用；烧衣施食时，以宝安宫神符烧化，除了象征烧衣施食在整场仪式里的重要性，也体现了宝安宫自一九八〇年代以降，一方面整合其在四湾东边的神圣领域，同时也一再重新确认东边边界的范围。从这点出发，东边鱼寮庆中元会被纳入宝安宫的过程，也可视为后者自一九八〇年代起迄今，不断重塑与巩固自身作为四湾岛东边华人祭祀圈中心过程的缩影。

图21　大士爷彩绣与四位王府金身

资料来源：莫家浩摄于二〇二〇年

八、四湾妈祖刈香

四湾港内的凤山宫，庙里主祀天后圣母，配祀开山圣侯与大伯公，此庙据说始于一九二〇年代，坐落在鄰宜河（Sungai Rengit）河畔，是四湾历史最悠久的华人庙宇之一，凤山宫的天后圣母也被当地人通称为"四湾妈祖"。相传四湾妈祖刈香习俗始于一九六〇年代，凤山宫每过三年就要到同样供奉天后圣母为主神的新加坡天福宫刈香一次，日期通常会选在农历三月二十三天后诞正日之前进行。在华人民间信仰里，所谓刈香是指本庙前往相关的大庙或祖庙掏取香灰，带回本庙来合炉，借此汲取补充本庙神明法力。

以我近年来对四湾妈祖刈香活动的参与观察所得，刈香活动前一天，凤山宫会派出三四人，其中一人必须是值年炉主，其他则可以包括头家、该庙理事会主席、顾问或理事等，将一张在庙里供奉、上面印有"天福堂"字样的老符令、妈祖令旗等物件置于香篮中，带往新加坡天福宫。香篮会被安置在天福宫的天后圣母神案上，一行人也会在天福宫总炉里上香。隔天清晨，刈香代表们会回到天福宫取回香篮，并从天福宫总炉中掏取香灰，装入事先备好的香灰袋中并置于香篮里，由炉主捧着，赶往新加坡樟宜码头乘船，循海路回到边佳兰的丹绒本哥利（Tanjung Pengelih）码头完成海关通关作业，再转乘小艇，驶往预定的刈香上岸地点。此时，迎接香灰的队伍，包括四湾妈祖金身神轿及妈祖乩身也会在预定上岸的海滩边等候，待刈香代表团一返抵登岸，便开始晋香巡境游神，护送新刈的香灰回到四湾。炉主捧着香篮，亦全程跟着迎香队伍巡境。巡游结束后，新刈的香灰不会被倒入凤山宫的香炉里，而是将香灰袋原封不动置入凤山宫四湾妈祖神龛中安奉。

在四湾妈祖刈香习俗中，香灰上岸的地点可谓一改再改。二〇一六年，刈香代表团仍延续旧例，在四湾以西三四公里远的三湾观音寺前海滩上岸登陆，三湾观音寺主祀的观音娘娘金身也会在香灰上岸后，加入迎香队伍一路巡境至四湾凤山宫。之后的二〇一九年，此时三湾观音寺前的海滩已在边佳兰石化工程填海计划下不复存在，该年刈香代表团在丹绒本哥利码头通关后便直接换乘汽车，循陆路回到四湾，巡境仪式也大大简化。按三年一度的惯例，四湾凤山宫本该在二〇二二年举行刈香，然而却因疫情未消而未果，延至二〇二三年才举办，并将香灰上岸地点，改为四湾粦宜河口渔船码头西侧的海滩。另一方面，此前已因征地而迁至六湾新区的三湾观音寺，其观音娘娘也乘神轿在海边等待妈祖香灰上岸，随后亦加入巡香队伍。

在我看来，四湾妈祖刈香照例由三湾上岸，应有其历史脉络，盖乎早期的三湾及四湾凤山宫所在的港内，华人居民大体以福建诏安人为主，从而使得四湾妈祖刈香巡境，具备了针对特定群体及其住地范围内保境佑民的意涵。如今三湾几乎不复存在，四湾妈祖刈香势必要换地方上岸，然而即便有现成且便利的四湾渔船码头，却依旧选择从码头旁的海滩涉水上岸的安排，仿佛默默吐露着乡村集体记忆与在地信仰传统互动的某种隐喻。

图22　在边佳兰四湾海边等待刈香归来的妈祖及观音神轿

资料来源：莫家浩摄于二〇二三年

图23　四湾妈祖从新加坡天福宫刈香返回边佳兰四湾海边上岸

资料来源：莫家浩摄于二〇二三年

图 24　置于香篮中的香灰袋

资料来源：莫家浩摄于二〇二三年

九、午时茶水

　　每逢农历五月初五，四湾宝安宫都会举办炒"午时茶"的活动。根据庙里耆老的说法，宝安宫端午炒茶的传统源自中国的福建原乡，随先民南传至四湾岛，迄今至少已有六七十年历史。在当地，午时茶可以作为神明问事的药引赠予村民，而每当宝安宫有大日子时，庙方也会泡好一大壶午时茶水让到场的村民信众任饮，盖有神明庇护、清热解毒的功效。

　　炒茶的时间选在上午时分开始，持续至中午，需耗时近两个钟头。庙方先将茶叶摊在帆布上，平铺在庙埕接受阳光曝晒。同时也在庙埕架设火炭炉，炉上置一大铁镬备用。炒茶的步骤，先是将已切丝的生姜倒入热铁镬中炒熟，再倒入白盐炒匀后先行起锅。随后，将已晾晒的茶叶倒入镬内一阵子，再加入事先备好的十八味药材和方才炒熟的姜丝，满满一大镬，得由来义务帮忙的村民一人一把大锅铲，小心翼翼地不断拌炒搅匀。

接下来便是整个炒茶中堪称画龙点睛的步骤了：宝安宫的乩身回到庙里起乩，请来宝安宫主祀的四位王府降神，开立神符后，复临炒茶现场，将神符烧化在铁镬的午时茶叶上，并撒上一大匙四位王府的"炉丹"（一种在庙里经过特殊仪式炼制的香炉灰），再由乩身手持乩，四位王府的金身在午时茶叶上挥动比画几下，来帮忙炒茶的村民再将茶叶、炉丹和神符灰烬掺和起来，午时茶便大功告成。此时庙方会将一部分午时茶预留在茶缸中供庙里备用，其余大部分都由村民信众们分装打包，给有需要的人领取。

无独有偶，四湾凤山宫也有在端午节向村民信众提供"午时水"的习俗。昔日做法据说是在正午时分取井水，在水中加入艾草和玫瑰露，再化入凤山宫妈祖娘娘的神符便告完成。如今井水难得，改用自来水代替，但供当地村民随意取用以求平安康健的用意，与宝安宫的午时茶实乃异曲同工。按我在二〇二三年端午的亲身观察，凤山宫主事者会事先准备好两个水桶，在当天早上盛满清水，在桶身贴上凤山宫天后的神符，桶内加入新摘的艾草束，复将满满两桶水置于庙埕前，接受端午的阳光曝晒直至正午时分，再由凤山宫炉主在神前掷筊求得胜杯后，桶中会再加入白米酒，并将天后神符烧化入水中，午时水便大功告成，信众可以自携容器，自由索取。

据老一辈所言，宝安宫的午时茶与凤山宫的午时水仪式，至少都有五六十年历史，习俗的细节也多少与从前有所改变。例如旧时的午时炒茶时，会将宝安宫供奉的主要神明都请出来，轮流对炒茶仪式进行"检验"，唯如今已简化成仅由宝安宫主神四位王府担纲即可。此外，从前炒茶所用的药材也没有那么多味，乃经神明历年指示，才逐渐增至今天的十八味，具体用量也会根据吉凶，年年有所微调；早年凤山宫的午时水用的是井水，唯后来难觅井水了才改用自来水。从前的仪式中也无须炉主掷筊，加入水中的酒也不一定是白米酒等等。

行走在田野中的观察者，其实都不难发现核心所谓一成不变的传统，从来都在不断改变。其中既有因应不断变化的时势而变，也会有经年亦不易改变的部分，两者皆是构成研究者梳理历史脉络的要素。讨论边佳兰四湾的午时茶与午时水中不变的传统时，首先可以追溯到中华传统文化中，对于端午正午时分这个"恶月恶日恶时"的忌惮，即便我们身处热带，也能切身感受到端午时节前后那气温转热、雨水增多所带来的湿热天气的不适，以及蚊虫肆虐与流行疾病增加的威胁。因此，像是"午时茶"这类事物，便与因《白蛇传》而闻名的雄黄酒一样，都有着能让人在端午时节避邪除疫、逢凶化吉的意头。

事实上，无论是自来水、艾草、玫瑰露，还是生姜、茶叶和药材，其实都是一般日常可以买到的材料。从民俗信仰研究的角度思考，将这些平凡素材转换成避邪除疫品的媒介，来自庇护地方的神明力量。举凡神符和炉丹，都是神力的具象化；在宝安宫，每年午时茶的药材配方比例，都是由四位王府下乩指示的。正是如此，方能在众目睽睽下，赋予午时茶和午时水其神圣意涵。而提供此项服务的宝安宫及凤山宫，其实平时也都在当地肩负了民间疗法的传统功能，如宝安宫四位王府早在日据时期便有灵媒治病的案例，而凤山宫天后妈祖在替幼儿收惊安神方面也颇有显名。

要知道边佳兰地处偏远，直到一九七〇年代才开通来往哥打丁宜的公路，公共医疗资源相当匮乏，此前有条件的人家妊娠看病都要乘船去新加坡，换作没有条件的人家，情况则更无奈。此情此景，神明信仰便是不可轻易蔑视的安定力量。除此之外，午时茶与午时水之间，可能也蕴含了昔日四湾华人社区的内部边界。

如前所述，今天的四湾华人仍会将当地划分为东边与西边（港内）两区，且不讳言地忆述老一辈的时代，东西两边华人的各种不睦与冲突。当然，四湾东西两边的边界隔阂，早就随着战后世代的小学同窗情谊及彼此广泛通婚而消解成为茶余饭后的笑谈，唯有在两边各自的庙宇信仰传统中，才可以依稀感受到历史的遗绪。

从这点出发，双方有各自应对"端午危机"的午时茶及午时水，其实也可视为一例。尤其有趣的是，许多东边人至今都不知道西边有午时水，不少西边人也至今都不知道东边有午时茶。若非有媒体报道披露，这种历史边界造成的地方知识陌生感，或许还会在东西两边延续更久吧！

图25　在四位王府金身监督下炒制午时茶

资料来源：莫家浩摄于二〇二三年四湾凤山宫

图26　将新摘艾草放入午时水桶中

资料来源：莫家浩摄于二〇二三年四湾凤山宫

第三章

边城叙事

一、从庙名谈起

伫立在新山直律街的柔佛古庙，是新山华人社会重要的宗教祭祀场所。一年一度的柔佛古庙游神庆典更是万人空巷，不仅荣登马来西亚国家非物质文化遗产名录，也持续吸引国内外游人学者的关注，享有跨境的名声与热度。至于柔佛古庙之"古"，其中现存有明确纪年的最古老文物，乃高悬在正殿之上的"总握天枢"牌匾，上刻"同治庚午岁葭月谷旦"，即公元一八七〇年十二月，距今一百五十年有余，是柔佛古庙历史年份考证的重要基准。

那么，作为庙名，"柔佛古庙"又是何时出现的呢？从十九世纪末到二十世纪最初十年，在目前已知关于新山游神活动的报道中，俱无提及"柔佛古庙"一词。一九一四年，新加坡《南洋总汇新报》的一篇新山游神报道中，则使用了"新山大伯公庙"的说法。直到一九二一年，新加坡《新国民日报》的新山游神报道

75

图27　入夜后的柔佛古庙山门

资料来源：莫家浩摄于二〇二三年

中开始出现"古庙"一词，但并未缀以"柔佛"。直至一九三〇年代起，这些本地中文报章才开始广泛惯用"柔佛古庙"一词；而在柔佛古庙保存有明确年份可考的文物当中，最早刻有"柔佛古庙"字样者，为甲子年正月十五日（应为公元一九二四年二月十九日）、由信女陈玉兰喜敬的一口双狮首小铜炉。结合文献与文物，我们或许可以推估："柔佛古庙"作为庙名的起始，可能并不会早于一九二〇年代。

另一方面，在历史与当下，柔佛古庙尚有别名传世，其中有些早已不常听闻，但也不乏一直沿用至今者。以下便列举几个来说说。

一、"大伯公庙"：如前文述及，一九一四年的《南洋总汇新报》曾将柔佛古庙称作"新山大伯公庙"。另一方面，新山客家先贤、曾任法庭通译官及柔佛华侨公所产业信托人的潘成容于一九四九年致函新山土地局，以商讨柔佛古庙土地丈量问题的信件中，将柔佛古庙所供奉之神明称作"大伯公"（Topekong）。即便如此，将柔佛古庙称作"大伯公庙"者，目前只存在于零星的史料文献之中，鲜少闻于民间。

如今在柔佛古庙正殿供奉的五帮神明当中，由客帮奉祀的感天大帝，在潮汕民间信仰中属于伯公信仰一系，确可被称作大伯公。然若从庙殿神位格局观之，感天大帝只是柔佛古庙的配祀神，如果仅是因为有拜感天大帝，而称柔佛古庙为大伯公庙，似乎有说不过去的地方；另一方面，作为柔佛古庙主神的元天上帝（玄天上帝），民间一般以"大老爷"称之，若被称作大伯公，也很令人费解。因此，在我看来，柔佛古庙早期存在"大伯公庙"的说法，可能是一种偶然的谬误，也有可能是受客家帮群的信仰习惯影响，目前尚无法定论。

二、"北帝庙"：将柔佛古庙称作北帝庙的说法，最早见于十九世纪晚期。本地文史学人张礼铭曾援引一份一八九一年柔佛古庙产业买卖契约内容，里头所用庙名为Tokong Jiu Huk Betty，其中Betty一词，应该就是"北帝"的音转，因此可合译为"柔佛北帝庙"。二战结束后，新山广肇先贤黄义初也曾在其所写《宽柔学校三十五周年史略》中，提到新山的宽柔学校曾在一九三二年"承买吴文赞建筑北帝庙公地屋宇二间"。一般相信，文中所谓北帝庙，即为柔佛古庙。在华人信仰体系当中，玄天上帝一般可被视为统理北方的神明，因此也常常被叫作"北帝"；在马新一带，又以广府人尤爱此称。依笔者观察，时至今日，新山粤语方言群体中，确实仍保留着将柔佛古庙称作北帝庙的习惯。

三、"老爷宫"：新山的老潮州们，至今仍习惯将柔佛古庙称为"老爷宫"。在潮汕方言里，习惯将男性神明称作"老爷"，游神巡境被称作"营老爷"，而"老爷宫"就是对神庙的一种通称。如上所述，柔佛古庙里的主神元天上帝，也常被新山华人称作"大老爷"，原因也是受潮汕方言的影响。值得留意的是，大老爷其实并非特指元天上帝，例如潮州青龙古庙的主神安济圣王，也被当地人尊称为大老爷。换句话说，"大老爷"一词，其实是潮汕方言中对于社区庙宇主祀的男性主神之尊称。

这里也有必要提及"地宫"一词。早年柔佛古庙曾有庙祝承包打理庙务，而新山的老潮州们也习惯称呼柔佛古庙庙祝夫妇为"地宫伯"和"地宫姆"。有鉴于此，过去学界普遍认为"地宫"一词乃柔佛古庙的潮语别称。然若了解潮汕方言即可知，所谓"地宫"一词，实为庙祝的意思。本地文史学人郑永桦也告诉我，"地宫"乃"治宫"的潮语同音异写，意即治理宫庙者，庙祝是也。如潮州俚语有云："官清胥吏瘦，神显治宫肥。"在我的田野经验中，新山的老潮州长辈们向来只会称古庙庙祝为地宫伯、地宫姆，并将柔佛古庙称"老爷宫"，反而绝少有将柔佛古庙称作"地宫"的。如此看来，将地宫视为柔佛古庙别称的说法，也许真的只是基于古早乡音的美丽误会。

说罢古庙，再谈柔佛。在马来半岛华人庙宇当中，以地名为庙名者不算罕见。当中引用中国地名概念者，有太平（Taiping）的

图28　柔佛古庙游神时悬于行宫的元天上帝灯笼

资料来源：莫家浩摄于二〇〇八年

岭南古庙、麻坡的粤东古庙等；至于引用本地地名者，除了柔佛古庙之外，比较知名的就数怡保（Ipoh）的坝罗古庙。此处所谓"坝罗"，乃怡保旧地名Paloh的音译。在边佳兰，尚有一座据信建于一九〇〇年代、供奉"大士老爷"的泰山宫。在当地客家方言中，泰山与大山同音，暗指边佳兰的中文旧称——大山母。如果进一步放宽限制，将本地处处可见的拿督公、大伯公等公庙私坛考虑在内，那么以本地地名为庙名的庙宇，数量恐将不胜枚举了。

然而，与众本地地名相比，"柔佛"不仅是州名，还曾经是东南亚古老的国名，分量之重，也算独树一格。然而这望文生义，也难免想得有点大了。早年的人们其实有将新山称作"柔佛"的习惯，例如一九二〇年代初成立于新山的柔佛华侨公所、一九三四年成立于新山的柔佛潮州八邑会馆，名称"柔佛"，但实指新山而已。即便时至今日，包括不少华裔及友族同胞在内的新山外埠人士，哪怕同属柔佛州内，仍习惯将新山称作柔佛（Johore），说是要去柔佛，其实是到新山（Johore Bahru）。所以说，柔佛古庙之"柔佛"，应该仅指新山一埠。当然，如果说当初为柔佛古庙命名者是有意语带双关，使其庙名既指代新山市镇，也代表柔佛一国，此番臆想，不也壮哉？

二、从前有处嗌呀坡

新山柔佛古庙有一口钟龄一百四十八年的铜钟，目前与众多文物一同珍藏在该庙历史文物回廊里。在柔佛古庙众多文物当中，这口铜钟可算是相当特别的一项，因为在它身上至少藏有两大谜团，真相至今仍众说纷纭。而一切谜团，皆源于铸在钟上的短短十七字铭文："同治乙亥年/春月吉旦/嗌呀坡/众弟子仝敬。"翻译成白话是在说：清朝同治乙亥年的春天良辰吉日，嗌呀坡的信众们进献此钟。

　　一般相信，铜钟铭文中的"乙亥年"，应为公元一八七五年，使其成为柔佛古庙最古老的文物之一。然而亦有研究者指出同治其实并不存在乙亥年，这是因为大清同治皇帝于甲戌年驾崩，而继承皇位的光绪皇帝则在乙亥年登基，因此应该是光绪乙亥年才对。如此一来，这口铜钟上的年份，便成了历史中不存在的"同治乙亥年"，人们进而对其来历产生怀疑。

　　关于解答问题的头绪，本地文史学人张文和曾与我有过讨论。简言之，同治皇帝崩于一八七五年一月十二日，即农历十二月初五，距离新春到来已不足一个月；接着，两宫太后下诏次年改元光绪，因此从乙亥年正月初一（即一八七五年二月六日）起始为光绪元年。若以铜钟铭文中的"春月吉旦"推测，此钟原即计划在一八七五年春季（即一八七五年二至四月间）进献柔佛古庙。由此便衍生出一种可能：当同治皇帝于农历十二月初五驾崩、太后下诏改元之际，这口铜钟早已完成铸造，正在运送或已送抵新山，来不及重铸。须知造钟有价，且南洋山高皇帝远，如此这般，不如蒙混过关？无论真相为何，历史中不存在的同治乙亥年，便这样永远保留在钟身上。

　　至于另一大谜团，显然便是铭文中的"嗌呀坡"了。本地文史前辈吴华可能是最早且持续关注"嗌呀坡"一词由来的学人，

图29　珍藏于柔佛古庙历史文物回廊的同治乙亥年铜钟

资料来源：莫家浩摄于二〇二三年

他认为"嗜呀坡"乃新山的旧称，并怀疑"嗜呀"二字会不会是"柔佛"的音译。张礼铭对此推论提出异议，他援引一九二〇年代英殖民地官员考吉尔（J. V. Cowgill）整理的柔佛地名报告，认为"嗜呀"（潮语发音 Jia Ga）与"柔佛"（潮语发音 Jiu Huk）相去甚远，进而提出"嗜呀坡"可能是指十九世纪位于新山市镇边缘的武吉查卡（Bukit Chagar）之华人聚落——"大厝内"。而作为回应，郑永桦与安焕然先后援引十九世纪的闽音马来文词典《华夷通语》中，大量以"呀"对音的马来词汇皆为"ga"音为由，并以《华夷通语》的"更寮"（Rumah Jaga）一词音译作"攸骂嗜呀"为例，认为嗜呀乃 Jaga 的对音，而非 Chagar。

关于这点，我在威尔金森（R. J. Wilkinson）一九〇一年出版的《巫英字典》（*A Malay-English Dictionary*）中查找，发现 Jaga 一词在十九世纪马来语里有"监看""守望"的涵义；而 Chagar 则可理解为一种地产租赁契约。由此推测，Bukit Chagar 之得名，或许真与早期"大厝内"聚落的土地开发有关；另一方面，就城镇发展史观之，由一八五五年开埠至一八六六年成为柔佛首府前夕，当时仍被称作"伊斯干达布特利"（Iskandar Puteri）的新山，其规模与功能，大部分时候可能都仅近似于一处边境哨站而已。因此，如果嗜呀即 jaga，则嗜呀坡一词，或许便源自华人先民对于十九世纪新山开埠最初期，只有王家山（Bukit Timbalan）上的货栈（Gedung）、几间劳工宿舍、没什么商务工作、外加寥寥几位官员驻在监守的认知观感。

一八六六年，伊斯干达布特利成为柔佛天猛公政权的治所，并正式易名为"新柔佛"（Johore Bahru），"柔佛""新山"等词汇也陆续成为这座新兴市镇的新名称。与此同时，"嚤呀坡"直到十九世纪末仍出现于其他金石记录上，但却迅速地失去其书写地位；而作为口语俗称，嚤呀则至少仍存活至一九五〇年代，才在新山开埠百年后，随着老人凋零，终被大众遗忘，进而化作谜团，引发多少猜想。

三、谜之佘勉旺

绵裕亭义山是新山地区现存历史最悠久的华人坟场，其已知最古老墓碑年份可上溯至一八六一年，是新山华人历史研究的宝库。而在其中，佘勉旺的大墓又是相当独特的存在：它是绵裕亭义山上规模最大、占地最广的私人墓，且居高临下，地势讲究，不难让人联想此墓主人，必是当时新山非凡之人。我虽称其为佘勉旺大墓，但它实际由一大一小两座坟构成。根据碑铭，大坟主人为佘勉旺及其两位夫人，小坟则属于佘勉旺及其排行第三的夫人叶慈淑所有。两座坟中，唯独大坟的墓碑刻有年份及祖籍地可考，即光绪戊寅年冬月（公元一八七八年十一至十二月间）、潮州澄邑鳄浦都月浦乡（即今天的中国广东省汕头市金平区月浦街道一带）。大小二坟的墓碑都刻有佘勉旺的官位，即"清例授儒林郎"，乃从六品的文职散官衔，当属清末海外华人买官捐纳的产物。此外，大坟的墓手处尚刻有对联，书曰"铜陵衍派家风，柔佛封川世泽"。铜陵乃佘姓郡望，不难理解；而"柔佛封川"这四个字，则让我联想起十九世纪风行于柔佛境内的港主制度，或许暗示着

图30　佘勉旺大墓远景

资料来源：莫家浩摄于二〇一四年

墓主人曾得马来统治者授权，持有港契（Surat Sungai），成为港主开发港脚？

除了绵裕亭的大墓外，佘勉旺的名字也能在新加坡社公庙义兴公司七十多座神主牌当中找到。在这批神主牌中，名为"佘勉旺"的禄位，祖籍为澄邑蓴浦都月浦乡，与新山的佘勉旺相同；此外，神主牌也刻有"明勋义士"的称号，同样持有此称号的，还包括十九世纪新加坡义兴公司总理蔡长茂（即蔡茂春）。而我们已知道，柔佛义兴公司首领、首任华人甲必丹（Kapitan Cina）陈开顺，在新加坡义兴神主牌中也持有"侯明义士"的称号。因此，若上述两位佘勉旺为同一人，那么他在柔佛义兴公司内，辈分地位诚可想象。

　　然而，就是这么一个人物，虽可找到坟墓及神主牌，在其他历史文献中的记录却阙如，使得后人根本难以得知佘勉旺具体到底经历过什么、曾在历史中扮演过什么角色？巧合的是，在同时代新山的另一位佘姓人士——佘泰兴的情况，却与佘勉旺正好相反。据史籍记载，佘泰兴为潮籍人士，一八七一年受柔佛政府委任为华人甲必丹，一八七三年，他取得新山士古来河（Sungai Skudai）港契，并与华侨侨长陈旭年同为柔佛政府议会里的华裔代表。一八八四年，佘泰兴逝世，从新山邮政局到中央医院前的公路曾以其名字命名为"Jalan Tai Heng"，而据张礼铭的观点，新山市区内的一条巷子"Lorong Lee Thye Heng"，也似与佘泰兴有关。然而作为这么一个人物，我们却对佘泰兴的坟墓位置完全没有线索，究竟是早已湮灭在发展的巨兽脚下，抑或是不在新山入土为安？真相为何，仍无从得知。

　　写到这里，我倒忍不住要提出一个大胆假设：佘泰兴与佘勉旺，两者的记载如此互补，有没有可能其实就是同一人？首先，这两人有最基本的共同点，即同姓佘，同为潮州人，同处一个时代，且身份不简单；其二，陈开顺曾作为义兴领袖，在柔佛受委为甲必丹，那么佘勉旺的义兴首领身份，与佘泰兴的甲必丹头衔，两者或许互为表里；其三，佘勉旺墓手对联的"柔佛封川"，或可与佘泰兴"士古来港主"身份相呼应；其四，虽然佘勉旺墓碑所刻年份为一八七八年，但这并不意味着他本人亡于一八七八年，墓碑上也没有刻明此为其逝世年份，所以也有可能是他另外两位太太的逝世年份，又或者这座大坟最初本来就是在"种生基"？因此，上述年份

图31　佘勉旺墓碑近照

资料来源：莫家浩摄于二○二三年

与佘泰兴一八八四年逝世的记录，两者并非绝然矛盾。

　　推理至此，仿佛一切都串得起来，但历史研究并非写推理小说，大胆假设固然有趣，小心论证也很重要。扯了那么多，也改变不了佘勉旺身份目前仍是扑朔迷离的现实，唯有期待新史料的发现与解读，才有机会进一步推进并揭开历史谜底。

四、广肇惠疑云

　　二○二二年，几位文化人发起了寻找已故潮州文人蔡梦香留在新山的足迹，本地文史学人覃勤温也在网上分享其寻获的蔡梦香

图32　柔佛古庙的"同沾帝德"匾，现展于新山华族历史文物馆
资料来源：莫家浩摄于二〇二二年

逝于新山的新加坡报章讣告。我对蔡氏生平涉猎颇浅，却被讣告里的几处写法深深吸引。首先，蔡梦香辞世年份应为一九七二年，讣文中却作一九七一年，错得很是明显。其次，讣文中说"出殡安葬于绵裕山之原"。所谓"绵裕山"，只可能是绵裕亭义山，因为蔡梦香最终也的确葬到了绵裕亭哥打路义山上。综上所述，我怀疑撰写这篇讣闻的应该是不熟悉新山事物的人士，有可能是由当时新加坡的某位报社广告员经手的"杰作"，而这一切可能便是讣告中第三个"笔误"之所以会出现的原委：讣闻写道蔡梦香停枢"新山市兆南街二十四号广惠肇会馆"，但查此位址，实为新山广肇会馆所在。

广肇与广惠肇，两者虽然只差一字，然从地方社会的角度出发，却可差十万八千里。顾名思义，"广""惠""肇"分别是指在中国清代建置下的广州府、惠州府及肇庆府三属范围。长久以来，新山只知有以"广肇"为前缀的组织或设施，也没有以"惠"属为中心的地缘组织。而在绵裕亭义山上，惠州府籍坟墓也寥寥无几，意味着惠州籍人士即便在十九世纪便来到新山，其人口也应该非常稀少。但是在新山对岸的新加坡，情况则不一样，当地有好几个"广惠肇"组织，且规模庞大，财力雄厚，社会影响力强。因此，若单从新加坡的既定概念出发，将新山广肇会馆预设为"广惠肇会馆"，就相当地想当然且不自觉了。

话虽如此，新山确实有一件重要的历史文物，或许会为上述课题带来莫大的疑云。柔佛古庙如今仍保有好几副一八七〇年代的匾额，其中就包括同治十二年（公元一八七三年）的"同沾帝德"匾。在学术研究领域里，这块匾额的内容，最早收录在陈铁凡与傅吾康合编的《马来西亚华文铭刻粹编》当中，其落款记录为"沐恩信士广肇惠众等全敬送"。该书认为，"广肇惠"指的是广州、肇庆与惠州三府人士。这么一来，这块匾似乎将成为一八七〇年代新山有过惠州人活动的力证？

万幸的是，尽管历经一百五十年，这块"同沾帝德"匾目前仍安然无恙，并作为重要文物，在新山华族历史文物馆长期展出。因此我们得以非常轻易地便能近距离观察它，也不难看出其落款所刻，实为"沐恩信士广肇府众等全敬送"（图33）。既然牌匾上刻的并非"广肇惠"而是"广肇府"，就符合了新山其他相关史料所呈现的景象，即新山只有"广肇"，而无"广惠肇"一说。

但话又说回来，既然陈铁凡与傅吾康在一九七〇年代初的调查中将"同沾帝德"匾的落款记录为"广肇惠"，那么今天我们在牌匾上所看到的"广肇府"，会不会是后来有人因为某种原因，特地去粉饰篡改的产物？

面对疑云，我们有必要读一读其"始作俑者"——《马来西

图33 "同沾帝德"匾落款细部

资料来源：莫家浩摄于二〇二二年

亚华文铭刻粹编》的前言，了解一下史料诞生的过程。编者在书中述及自身的作业方式，乃先前往马来西亚各地，将能找到的华文铭刻拍照后，再回到吉隆坡，根据照片所摄得的铭刻内容进行辨识和抄录。编者亦坦言，有时候由于铭刻本身已模糊，导致照片看起来不够清晰，辨识过程耗时耗力，甚至需要故地重游，对照实物以确认抄录无误。若按其自述，编者团队只在一九七〇至一九七二年的文物拍摄阶段来过柔佛，后来的对照辨识阶段并未重返柔佛。

换句话说，当时的陈铁凡与傅吾康，或许只能仰赖手中仅有的柔佛古庙牌匾照片来识读铭刻内容，而《马来西亚华文铭刻粹编》里收录的"同沾帝德"匾，落款处可谓拍得漆黑一片。若只能靠它来辨识，将照片里那黑压压模糊不清的"广肇府"，想当然误认作"广肇惠"，这乌龙似乎也符合当时客观条件所限，实属"非战之罪"，距离阴谋论还远得很。

五、观音殿铜炉

在柔佛古庙历史文物回廊的玻璃柜中，有一口逾百年历史却较少被世人与学者提及的双狮首耳铜炉。一九九七年，由新山中华公会柔佛古庙修复委员会编印出版的《柔佛古庙专辑》中，早已详细记录了这口铜炉的铭文，即"光绪壬寅冬日／观音殿／广肇府众等仝立／当年总理陈祥元号倡建／省城小半甫永盛造"，并测量其尺寸为炉口直径十寸三分，炉高十寸，炉身很重。或是基于

图34　柔佛古庙历史文物回廊保存的观音殿铜炉
资料来源：莫家浩摄于二〇二三年

铭文有"观音殿"一词，这件文物在展示柜中被注明为"观音殿铜炉"。

在柔佛古庙，除了家喻户晓的元天上帝、洪仙大帝、感天大帝、华光大帝及赵大元帅等五帮神明，其实尚有供奉其他神祇，观音娘娘便是其一，原本设在古庙的侧厢房，一九九〇年古庙重修后迁入新盖好的左偏殿。顾铭文思其义，观音殿铜炉应该原是摆在旧时供奉观音娘娘的古庙侧厢房所使用，一九九〇年代以后则作为古庙文物退役并保存下来。

细读观音殿铜炉铭文，首先"光绪壬寅冬日"，此"冬日"若

图35　现今柔佛古庙的观音殿

资料来源：莫家浩摄于二〇二三年

是冬至，则该日期即为公元一九〇二年十二月二十三日，或许便是当初进献铜炉的日期；那为何要在此时献上铜炉呢？铭文进一步暴露了线索："广肇府众等仝立"的意思，固然可理解为广肇府人士共同进献此铜炉，但结合接着铭刻的"当年总理陈祥元号倡建"几个字，则似乎可理解为，是当时的广肇府人士共同捐建了观音殿。

查"陈祥元号"一名，出现在目前新山广肇会馆所保存、刻制年份推测为一九一〇年前后的"倡建广肇会馆各界捐银芳名/演民铎社班筹款各界芳名"木牌上：在倡建广肇会馆的十五位大协理名单中则出现了"祥元号"，捐银名单中也有"陈祥元店捐银两拾大元"的记录；而在演民铎社班筹款捐银名单中，也有"祥元店喜捐银三拾大元"的记录。据此可以相信，在观音殿铜炉上的"陈祥元号"实为当时新山广肇社群一员，这也与铜炉铭文中的"广肇府众等仝立"相呼应。而所谓"当年总理"，则有可能意指陈祥元号是当时新山广肇组织的领导人。

所以故事串起来是这样的：一九〇二年冬至，在新山广肇总理陈祥元的倡议、广肇人士合力下，柔佛古庙的观音殿落成，并献上一口由中国广州订造的铜炉给观音娘娘。如此一来，观音殿铜炉不仅可以佐证柔佛古庙供奉观音娘娘的起始年份，也为考证战前新山广肇会馆组织历任总理名单带来一丝线索。而在我看来最有意思的部分，莫过于当时新山的广肇人士能够在柔佛古庙里倡建观音殿这件事情，不禁使人对一九一〇年代柔佛义兴公司解散前的新山华人帮群结构与互动关系，产生更多想象与推敲空间。

六、及时行乐

在现如今新山广肇文物馆里，有一口炉高及炉身直径都达四十厘米的大香炉，可视为镇馆之宝之一。据说它原本收在新山广肇会馆楼下仓库里无人问津，直到十余年前筹办新山广肇文物馆，整理仓库时才重见天日。此香炉用料扎实，制作精美，可惜时代久远，物是人非，如今早已没人知道它的来历，庆幸的是炉身上刻有铭文，为文史研究者的解谜之路留下一线生机。

图36 新山广肇会馆珍藏的光绪十七年香炉

资料来源：新山广肇文物馆档案照

从形制来说，此炉为本地常见的双狮首铜炉，上面刻有铭文，上款曰"光绪十七年孟春吉旦"，说明订制它的人，预计要在公元一八九一年的农历正月将之进献给神明；炉腰上则刻有"柔佛／玄天上帝"字样，说明香炉进献的对象是"柔佛"的玄天上帝；铭文下款则曰"福兴鸦片公司众伴敬送／粤东省城林利源造"，说明这口铜炉是从中国广州订制，并由"福兴鸦片公司"全体同仁敬送给神明。

从年份来说，这口一八九一年的"柔佛玄天上帝"香炉，若放在新山市区来看，算是相当古早，目前已知年份能早过此炉的，仅有柔佛古庙保存的光绪十六年吉旦（即公元一八九〇年）由"沐恩弟子李根合眷人等"敬送的"双层空心炉"而已。至于炉腰上所刻的"柔佛"一词，应是指新山一埠，而非柔佛全境，这是早期华人地名用法的特色。

如果柔佛不是问题，那问题就要出在"玄天上帝"身上了。新山广肇会馆神明厅里历来供奉的主神是关圣帝君，也未见有供奉过玄天上帝。而说到新山最古老也最有名气的玄天上帝庙，便是柔佛古庙。由此便产生一种说法：此炉原先会不会是新山广肇人士要送给柔佛古庙，但订制时将铭文刻成了"玄天上帝"，与柔佛古庙所采用的"元天上帝"不一致，所以被弃置在新山广肇会馆仓库中？

上述猜想若要成立，尚得先考虑另一个历史陈述：新山广肇会馆的现址始建于一九〇〇年代，而此炉却造于一八九一年，比广肇会馆现址落成还要早。倘若此香炉真是因为刻错铭文而被弃用，那它为何在百余年间仍能被原原本本保存下来，甚至有缘随着广肇会馆一同乔迁？由此我们不妨换个思路，去考虑此炉曾在柔佛古庙以外的历史场景里被使用过的可能性。关于这个问题，此炉铭文下款的"福兴鸦片公司"，或许会是个重要的突破口。

学界一般认为，黄亚福（1837—1918）乃于一八九二年从柔佛政府处正式取得柔盛港（又称黄亚福村［Kampung Wong Ah Fook］），即今天新山市区纱玉河（Sungai Segget）东岸的港契及相应的烟酒赌饷码权。然而在一八九〇年三月的新加坡《星报》一则关于柔佛国内政务事宜的新闻中却提到"现下该处创制新街，系黄福禀请而自行建造者，故其王准其在该处自行沽卖烟酒，不入投码之内"。根据新闻上下文关系解读，所谓"该处"应是指新山无误；另据一八九一年五月的新加坡《叻报》一则新闻亦提到当时新山"各港如新兴、如柔盛、如利泰兴等处，均陈设一新"。由此可推论，黄亚福早在一八九〇年便已开始投入建设纱玉河东岸并享有该区域的烟酒专卖权。如此一来，新山广肇会馆珍藏的这口一八九一年的"柔佛玄天上帝"香炉上的"福兴鸦片公司"，便很有可能与上述这段历史有关系了。

至于这口香炉的用途，我猜或许是与当时的柔佛古庙游神有关。一八八八年的《叻报》称"柔佛地方，向例每年于正月二十日为赛神之期，仪仗摇风，旌旗映日，更召名优往为演剧，亦可算穷荒小岛之繁华世界"云云；一八九〇年的《叻报》亦称当年柔佛古庙游神"赛会一天，并于晚间巡游两夜，雇定戏剧往为开演"。上述两篇报告均提到新加坡游人趁着柔佛古庙游神赛会之期，跨越海峡来到新山参与其盛的风气，"叻地诸人，往为观玩者，亦不乏人"，"得以及时行乐也"。在黄亚福村摆设迎神香炉，吸引游人前来此处围观游神队伍，顺便就地消费娱乐一番，这套即便放在如今也适用的操作逻辑，会不会就是这口"柔佛玄天上帝"香炉存在于此的原因呢？

七、批判游神

说到新山柔佛古庙游神，那无疑是新山最具代表性的宗教民俗活动和身份认同象征之一，也见证了这座城市百余年来的发展变迁。按新山华人社群的传统惯例，每年农历正月二十日是柔佛

图37　合境平安

资料来源：莫家浩摄于二〇一七年柔佛古庙游神行宫

古庙众神出銮的日子。当天，古庙内供奉的赵大元帅、华光大帝、感天大帝、洪仙大帝及元天上帝五尊神明被置于神轿上，分别在海南帮、广帮、客帮、福帮和潮帮人员的护驾下，依序被请出古庙山门前往行宫。正月廿一晚上，众神再从行宫出发，按上述顺序和相应的五帮人员配置，在新山市区进行夜游。正月廿二日，众神复由行宫起驾回到柔佛古庙，依序入座。

一八五五年开埠的新山，自一八六二年起成为柔佛天猛公政权的行政中心，临近新加坡的地理优势使其渐渐发展成土产贸易中转站，伴随城市的发展，当地华人社群也日趋茁壮。柔佛古庙坐落于新山市区的直律街上，根据庙内现存的文物匾刻，可知该庙于一八七〇年便已存在。一般相信，柔佛古庙的创立与柔佛十九世纪华人在甘蜜、胡椒种植领域的参与有关，而柔佛古庙的游神庆典，则可能源自潮汕地方的赛神"迓老爷"习俗，以祈求风调雨顺，合境平安。

二〇一七年，新山南方大学学院出版的《战前报章有关柔佛古庙游神文献资料辑录》学术单刊，收录了从一八八八至一九四一年间，刊载在新加坡中英文报章上有关新山游神的逾五十篇报道。相较于英文报刊偏重于报道活动安排和现场热闹气氛，战前中文报章对于新山游神则更多持社会批判立场。举例来说，距今一百年前的一九二一年，新加坡《新国民日报》于新山游神两周后的三月十七日，刊载了一篇题为《柔佛赛会的情形》的报道，提到了当年游神的诸多细节，包括众神出巡、舞狮、演大戏等花絮，并将柔佛古庙游神批评成迷信、浪费且无益的举动，非但"为外人所窃笑"，"即有识者亦均嗤之以鼻"。

《柔佛赛会的情形》报道刊出不久，《新国民日报》再接再厉，在接下来一周左右的时间内，连载了一篇题为《对于柔佛迎神出游之感言》的长文。这篇文章以读者来函的形式出现，作者署名何醒民，对当时的柔佛古庙游神提出三大批判：首先，他认为当时中国正处在军阀割据的混乱年代，此时劳心劳力去办游神，只会让祖国及华人自己蒙羞，"不独贻笑友邦，抑亦自贬人格"；其次，他认为二十世纪的潮流是弃旧迎新，游神活动是落后守旧的行为，只会显得当时侨居柔佛的华人，"旧恶习尚未扫除，反增进神权之闹热"；最后，他认为游神不仅劳民伤财，放鞭炮则"即易燃烧，又卫生碍"，威胁人们的生命财产安全！

可见，当时马新华人社会的一批知识分子，将国家兴亡视为己任，既反对迷信守旧，同时也鼓励华社节约，将财富花在兴办教育、启迪民智上。在这种氛围下，柔佛古庙游神很自然地成为众矢之的，对于游神的批评几乎充斥在二战前每一篇关于游神的中文报道当中。然而，正是通过二战前这些知识分子在报章上冷嘲热讽的细节，反而让今天的我们得以一窥游神的昔日风采。例如一百年前何醒民的连载长文，就是如今传世史料中，最早详述柔佛古庙游神五帮队伍构成的，为历史研究者与爱好者留下了一份了解二战前柔佛古庙游神活动的珍贵材料。里头所描绘的游神元素，如广帮的醒狮、潮帮的扮仙、福帮的摇神轿等，都尚在今天的柔佛古庙游神里能看得到，且依旧是其魅力所在。

作为一个华人宗教民俗活动，对于柔佛古庙游神而言，反对迷信、提倡节约乃至环保卫生的呼声，百余年来似乎从未停止过。当代百年大疫让本着"风调雨顺，合境民安"寓意的游神面对新的挑战，遵循法律条文的限制，违反法律条文的指谪，柔佛古庙游神传统正如往常一样，也在变迁的时局中不断被形塑着、适应着。

八、三个年份

二〇二二年，新山中华公会辖下的新山华族历史文物馆，配合公会一百周年会庆，推出了《百年·传承——新山中华公会史料展》。所谓百年，自然得从一九二二年算起，将该年视为新山中华公会前身——柔佛华侨公所的成立年份，亦是二战后长久以来广为接受的通说。

然而，随着最近十余年，各路文史同仁孜孜不倦地刨掘，一些新史料的出现，始终还是让众人对于柔佛华侨公所成立年份与细节的认知出现了分歧。其中，一九二二年四月《新国民日报》刊登的《柔佛华侨公所开幕志盛》一文，即便不能验证柔佛华侨公所成立于一九二二年，至少也可以说明公所于一九二二年"开幕"；而一九二〇年九月的柔佛政府宪报上刊登了柔佛华侨公所获准注册的公告，则说明二战前柔佛华侨公所的社团"注册"年份为一九二〇年；而一九二六年四月《南洋商报》上刊载的《柔佛华侨公所将开成立五周年纪念会》一文，则又似乎说明，柔佛华侨公所应成立于一九二一年。

目前看来，柔佛华侨公所成立于一九二一年的说法，拥有较多旁证。例如张礼铭曾出示过一份史料，据说是一九二一年九月十七日柔佛苏丹华诞御宴的柔佛华侨公所受邀名单译件，以此为证，认为柔佛华侨公所于一九二一年便已存在；此外，一九三四及一九三五年的《南洋商报》都曾分别刊载柔佛华侨公所十三及十四周年纪念会的新闻报道，以此推算，柔佛华侨公所也应当成立于一九二一年。然而，在上述一九三五年的报道中，其开篇却明明白白写着"华侨公所成立于民国十一年"，换算即一九二二年，形同在一九二一年的说法上，硬生生打了个问号。

图38　一九六六年《新山区中华公会大厦落成纪辞》原件，
今藏于新山华族历史文物馆

资料来源：莫家浩摄于二〇二二年

面对新史料带来的新说冲击，我反倒对于旧说如何产生这一点感到趣味盎然。通过文献比对，我越来越怀疑新山中华公会前会长、已故拿督黄树芬，或许便是最早奠定"一九二二年创会说"之人。在黄树芬撰写的一九六六年《新山区中华公会大厦落成纪辞》中，写到"本会自成立迄今，荏苒已四十四年矣"，显然是将新山中华公会之前身、柔佛华侨公所的成立年份设为一九二二年；数年过去，在二战后新山中华公会出版的第一本周年纪念特刊——一九七二年《新山区中华公会五十周年金禧纪念特刊》中，黄树芬在发刊词里亦留下这么一段话：

> 一九二二年九月十七日，柔佛长堤举行奠基典礼，亦即本会成立之时。一九二四年，柔佛长堤落成通车，是乃历史盛事，而新山之发展又一新纪元之开始也。

从上述文字可以看出，黄树芬将柔佛华侨公所的成立年份，与新柔长堤的奠基年联系在一起，然而这里有一个明显的问题，即长堤奠基日实为一九二〇年四月二十四日，绝非一九二二年九月十七日；那么，撇开长堤奠基不谈，有没有可能说，上述一九二二年九月十七日，反而才是柔佛华侨公所"成立之时"？

但退一步言之，黄树芬在上述发刊词中的说法，其实恰好将一九二〇、一九二一、一九二二这三年的可能性都涵盖了进去：或许，黄氏记得华侨公所是在长堤奠基年（一九二〇年）成立的，只不过将后者的确切年份误记成了一九二二年；或许，黄氏记得华侨公所是在九月十七日公所领导受邀参与御宴的那一年（一九二一年）成立的，但却把年份记成了一九二二年；又或许，在他的认知中，华侨公所确实是在一九二二年才正式成立，而他只不过是因为事隔多年，以致记错了日期，搞混了奠基而已。

以上三个年份，即便有的旁证较多，有的孤证难立，其实全都缺乏一锤定音的底气。而这点在很大程度上也可以归因于今人对于"成立"一词的认知有分歧之余，又对"年份"一事有坚持。在我看来，这三年本来就可被视为柔佛华侨公所草创时期的一个过程，记述模糊实属自然，若要将其中原委分个清楚仔细，恐怕吾辈还须继续努力。像我自己，倒是在一九二五年十二月的《海峡时报》上读过一篇报道，称柔佛华侨公所召开的第七届常年大会（the 7th Annual General Meeting）上选出一九二六年度的理事会成员。按理说常年大会一年一开，如此推算，柔佛华侨公所的年份岂不是又可上溯至一九一八年？奈何孤证不立，在更多史料出土之前，我愿因循旧例，作为对历史的一种尊重。

九、端亚山送地

新山开埠至今近一百七十年，唯早年留下的纪念碑铭却并不多见。其中在绵裕亭义山有一方近百年历史的纪念碑，原本应伫立在义山旧伯公庙侧，后来原址改建殡仪馆，该碑移入馆棚下安置，近年复迁出殡仪馆，移至义山新伯公庙外草坪重立供世人观瞻，细读碑铭中一则饶有人情味之往事。

这方碑所讲述的是端亚山先生送地予绵裕亭的经过，碑铭开头称"端亚山先生，希腊国人，柔佛实业大家也，有地在二条半石，与绵裕亭毗连"，端亚山者，即赛·哈山·阿末·阿拉塔斯（Syed Hasanbin Ahmad Alattas），乃家世源于叶门海德拉毛

图39　新山绵裕亭义山的端亚山纪念碑

资料来源：莫家浩摄于二○一二年

（Hadhramaut）的阿拉伯裔商人，碑铭中的"希腊"，实为"亚腊"（Arab）的误写。端亚山在新山置有大量产业，在绵裕亭义山南侧的地带亦名 Wadi Hasan，意为"哈山谷"，便是昔日端亚山所持地产之一。

一九二〇年代初，柔佛华侨公所成立，开始接管新山华社公共产业的信托权，其中也包括绵裕亭义山。碑铭中提及，由于义山地段与端亚山的园地相接，大抵是为了避免对方园中饲养的牛羊越界践踏坟墓，柔佛华侨公所便在两地交界处拉起围篱（"圈环铁篱"）。岂料篱笆一立，本来默不作声的端亚山便开口了，告知绵裕亭义山已侵占了他的土地七英亩之多。

原来，过去人们年复一年在绵裕亭义山安葬先人，早已不知不觉葬到了端亚山的地段，而又因这些越界埋葬的坟墓"年代既远"，仔细勘察又发现墓茔交错重叠，"坟上加坟"，很难处理，于是华侨公所便向端亚山请愿，也获得后者体谅，慷慨将涉及的地段赠送给绵裕亭义山，使一桩本可能变得很复杂的土地纠纷以喜剧收场。感念端亚山的善举，华侨公所特立石碑为其永远纪念，于是便有了这方"端亚山送地碑"立在绵裕亭义山上，并留存至今日。

写到此处，便要谈谈端亚山送地的年份问题了。根据"端亚山送地碑"所刻，此碑乃"柔佛华侨公所当年董事同人敬勒"，落款年份为"大中华民国十六年八月九日"（即公元一九二七年）。然而本地文史学人张英杰早在十多年前便提出了怀疑。事因在二战前中英文报章中，曾分别刊载柔佛华侨公所于一九二八年七月末及八月中，敬送"特制铜牌"或 Chinese Tablet（中文匾额）到端亚山府上的新闻。那为何华侨公所既已于一九二七年勒石，又要拖到一九二八年再送匾呢？

　　在我看来，受限于史料不足，上述问题暂时无法一言即解，却不妨从更宏观的角度来剖析问题产生的时代背景。一九二〇年代的绵裕亭义山管理权问题的处理其实非常曲折，一九二二年华侨公所向政府申请义山管理权，一九二三年开始处理牛羊践踏墓地等问题，与端亚山的土地纠纷应该便是由此生起。处理土地纠纷，便要处理土地拥有权问题。然而绵裕亭义山地契存在新旧信托人问题，迫使柔佛政府通过立法方式，于一九二七年订立《直律街华人义山法令》，废止旧信托人权利，并在一九二九年才通过宪报公布将绵裕亭义山地段指定为华人义山之公共用途，由新山华社负责管理。

　　换言之，端亚山送地一事，发生于绵裕亭义山地权的重整阶段，在我看来，立碑与送匾其实都是一种反复"重申"（reaffirmation）的动作，以求在地权尚不明确之际，想方设法将事情确定下来的努力。亦如碑中所言，善与人同，中外无间，即便亚腊、希腊搞不清楚，多元社会里的互相谅解、包容和感恩，或许才是在冰冷法条之外，最终解决纠纷的力量泉源吧。

十、粿条仔城市史

　　上周某夜，忽闻老同学丁父忧，从澳洲赶回来奔丧。我们小学和高中都同过班，彼此也同住一个花园，他生于新山老潮人天主

图40　雨中的新山粿条仔

资料来源：莫家浩摄于二〇二三年

教家庭，而我也有一半的新山潮人血统，又同是为食之徒，对新山的粿条仔颇见执着。犹记得高中时候，心血来潮，由他开着老威拉，几个吃货绕行新山，在没有智能手机卫星导航的时代，寻访大街小巷，一天内从早到晚，吃遍四五家粿条仔，实现少年不疯魔不成活的粿条仔巡礼。

二十年过去，粿条仔在新山不减反增，租拥店面专营者不下十间，食肆档口更不计其数，在大马华人美食版图上，俨然是一座粿条仔之城，且没有之一。究其成因，或许有人会直觉地以新山昔日乃"小汕头"，潮州人居多，潮汕饮食文化影响颇深，造就粿条仔的一地风行。然而这却无法轻松解释为何偏偏仅以粿条仔一枝独秀，其他潮州小吃却未能共同兴盛，潮州菜馆更加凋零的过程。

研究历史的人，通常不满足于静态陈述，反而热衷于解释变迁。在新山粿条仔的故事里，既有味觉的变迁，也有城市的变迁，过程一明一暗，交织成戏。一般相信，粿条仔的原型来自另一种潮汕小吃——粿杂，类似的潮式卤味，区别在于粿杂的主食是一种米制宽粉（粿片），而粿条仔则一般采用较窄身的米制面条（粿条）。吃法方面，粿杂习惯上会将卤味及卤汁浇置在粿杂上；而粿条仔则会备置一锅卤水高汤，搭配烫熟的粿条，形同汤粉，而卤味则另置于小碟中作饐。

粿条仔出现在新山，目前最早可追溯至二战后初期，据说是祖籍潮州庵埠、绰号"阿蛋"的张正和夫妇受新加坡粿杂的启发，加上本身会制作粿条米粉，于是将两者相结合，创造出"粿条仔"的吃法。早期的粿条仔属于便宜地道的街头美食，卤味里鲜少有肉，几乎都是内脏与豆腐、鸡蛋之类，但味道咸香，又富内脏油脂，吃不饱还可以加碗粿条，嫌卤味太腻，还可以搭配特制的辣椒酱中和解腻兼提味，除非你不吃猪肉讨厌内脏，否则堪称面面俱到无懈可击。

由于粿条仔烹煮的门槛不高，继阿蛋之后，新山又陆续出现一两家粿条仔，营业方式和范围依旧是位于市区的后巷或市场熟食摊，但很快随着一九六〇年代新山周边地区开始工业化。老同学蒙主恩召的父亲享寿八旬，二十岁出头便加入消防队，据说同期的队友都在一次次的工业区火警中殉职殆尽，唯有他活下来，四十岁便获准荣休，领了四十年的公务员退休俸。

无论如何，新兴工业区纷纷建立，外地人口开始越来越多流入新山地区工作谋生，再加上一九六〇年代末英澳驻军撤离，造成新山市郊的"花园"住宅房地产过剩，取而代之的是原本的市区人口以及外来人口迁入其中，一九七〇年代末至八十年代初，这些花园住宅区也开始出现粿条仔摊贩，即粿条仔版图的二次扩张。一九九〇年代，立百病毒暴发，人人谈猪色变，粿条仔行业里有人开始改为主打卤鸭，竟杀出一条新路，让原本与鸭无关的粿条仔从此多了一味；而猪鸭卤水不同，也让有卤鸭的粿条仔汤汁中多了一股"药材味"，进而令粿条仔与药材产生魂结。然而，这些味道与食材的变化，其实进一步扩大了粿条仔的受众人群，也降低了入行门槛，触发粿条仔版图的第三次扩张。而近十年来，随着新媒体的推波助澜，各种"必吃""十大""新山"美食介绍、探店及资讯推送，进一步强化粿条仔的在地属性，作为地方特色美食，打卡拍照便是必须，并在新币及外部市场的推拉效应下，开始粿条仔版图的第四次，也是首次跨地域的观念扩张。

身为土生土长的新山人，粿条仔是童年记忆与少年疯魔，奈何昔日的平价美食现已成金，而人近中年，三高随行，面对咸香油辣，欲试还休。白日梦间，倒也想学学梁山好汉，打二角好酒、切两斤熟牛肉的豪气。前阵冒雨觅食，碰上临收摊的粿条仔，"林冲暂歇山神庙"，一杯少冰菊花，三两内脏粉肠，两口黑汤下肚，咸香油辣不如过往，长叹道，却是边城市井沧桑。

第四章

神鬼人兽

一、会飞的人头

曾随郑和三次下西洋的中国明朝通事马欢，在其著作《瀛涯胜览》中的《满剌加国》条目里，出现过这样的记述：

> 其海边水内常有龟龙伤人，其龙高三四尺，四足，满身鳞甲，背刺排生，龙头撩牙，遇人则啮。山出黑虎，比中国黄虎略小。其毛黑，亦有暗色花纹。其黄虎亦间有之。国中有虎化为人，入市混人而行，自有识者，擒而杀之。如占城尸头蛮，此处亦有。

这里的"满剌加"，自然是指马六甲。然而，在《瀛涯胜览》的描述中，当时的马六甲非但有龟龙泅水、虎人入市，还有名字一听就很邪门的"占城尸头蛮"，俨然一副妖异横行的魔幻景观。

占城乃位于今日越南中部的昔日印度化古国，《瀛涯胜览》中的《占城国》条目如下写道：

> 其曰尸头蛮者，本是人家一妇女也，但眼无瞳，人为异。夜寝则飞头去，食人家小儿粪尖，其儿被妖气侵腹必死。飞头回合其体，则如旧。若知而候头飞去时，移体别处，回不能合则死。于人家若有此妇不报官，除杀者，罪及一家。

将尸头蛮的样貌、特征、习性乃至社会关系都描写得如此形象生动的，马欢并非历史第一人。其职场前辈、同样曾在郑和船队担任通事的费信，在其著作《星槎胜览》的《占城国》条目中已有提及尸头蛮：

> 相传尸头蛮者，本是妇人也，但无瞳，人为异。其妇与家人同寝，夜深飞头而去，食人秽物，飞头而回，复合其体，仍活如旧。若知而封固其项，或移体别处，则死矣。人有病者遇食其粪，妖气入腹，病者必死。此妇人亦罕有，民间有而不报官者，罪及一家。

显而易见，费信与马欢两人对于尸头蛮的描述几近雷同，说白了就是平时看起来与常人无异、半夜头会飞出去吸人屁股的女性，吸完再飞回来与身躯合体，如果身体被移动了，或颈部被遮蔽了，头接不回去，尸头蛮就会死翘翘。而在占城一带，包庇尸头蛮，知情不报，可是条罪名。

再往前推，费信与马欢也都不是最早谈及此物的。中国元代的汪大渊在其著作《岛夷志略》的《宾童龙》条目中就已述及尸头蛮，详细程度也不亚于前两者：

> 其尸头蛮女子害人甚于占城，故民多庙事而血祭之。蛮亦父母胎生，与女子不异，特眼中无瞳人，遇夜则飞头食人粪尖。头飞去，若人以纸或布掩其项，则头归不接而死。凡人居其地，大便后必用水净浣，否则蛮食其粪，即逐臭与人同睡。倘有所犯，则肠肚皆为所食，精神尽为所夺而死矣。

宾童龙是占城的属国，位于占城以南，《星槎胜览》的《宾童龙》条目中也提到当地的尸头蛮"比占城害之尤甚，民多置庙，牲血祭之求禳"，与《岛夷志略》"民多庙事而血祭之"的说法很是接近。

在中国古籍中，类似尸头蛮这样、半夜头会飞的怪异记载其实还不少，且年代更为久远。其中最有名气的当属晋代干宝《搜神记》中的"落头民"典故：话说秦时南方有落头民，又名"虫落"，其头能飞。东吴的将领朱桓有一婢女，半夜时，双耳会扑哧扑哧响，整颗头飞出屋外，黎明前夕才回来。如果将她的身体用被盖起，等头飞回来时找不到颈项对接，就会一命呜呼云云。宋代的《太平广记》也有《飞头獠》条目，其曰"岭南溪洞中，往往有飞头者……其人及夜，状如病，头忽离身而去。乃于岸泥，寻蟹蚓之类食之，将晓飞还"；又说在阇婆国（即今天的爪哇或苏门答腊）中也有飞头者，其人无目瞳子。在明代朗瑛的《七修类稿》中，还提到元代诗人陈孚出使安南（即今天的越南），曾著诗曰当地土人"有头能夜飞于海食鱼，晓复归身者"；在另一本今已失传的《嬴虫集》古书中，则记载"老挝国"人也能"头飞食鱼"。

看来，从中印半岛到印尼群岛，会飞的人头可说是风行古代东南亚。而这些怪谈，或许并非仅仅是中国文人墨客的怪力乱神。即便未接触过这些古籍，东南亚民间也早就流传着情节类似的传说，在马来西亚、新加坡、文莱等地有Penanggal，在菲律宾有Manananggal，在印尼有Penanggalan、Leyak、Kuyang，在泰国有Krasue，在寮国有Kasu，在柬埔寨有Ahp，在越南有Malai，等等。它们虽然名称各异，但绝大多数都被描述为夜里头会飞离身体去觅食的女性。

十九世纪初，文西阿都拉在马六甲给米怜牧师（Rev. William Milne）的小孩当家教，就曾应米怜之请，讲述过当时马来社会流传的飞头鬼（penanggalan）传说，并刊载在米怜主编的《印中搜闻》（*Indo-Chinese Gleaner*）季刊，以及文西阿都拉日后撰写的自传里，为后世留下关于马新一带飞头鬼传说的经典模本：故事中，飞头鬼原是修炼飞头邪术的女子，每当欲吸食孕妇之血，她便让自己的头颅拖着内脏一同飞离躯体，深夜潜入民家觅食，被她吸过血的人必死，即便只是碰到从飞头鬼处滴落的血水的人都重病不起。为了预防飞头鬼作祟，尤其是家有孕妇的人，会在门窗下吊挂有刺的老鼠簕叶（Daun Jeruju）。孕妇临盆时，人们也会在周遭摆放些有刺的物件。

当初听闻并讲述这故事的文西阿都拉，自己嗤之以鼻，全然不信世上有飞头鬼这玩意。然而与此一经典模本雷同的飞头鬼传说与形象，其实早已深入民心，今日仍脍炙人口，更有人深信不疑如故，每当凝视夜空，心中便浮现出那自古以来便被妖异化的邪恶女人头颅。

二、飞龙绕树

除了有会飞的人头，《瀛涯胜览》还提到古代马六甲另一种奇异生物——龟龙。书中的《满剌加国》条目里这样写道：

> 其海边水内常有龟龙伤人，其龙高三四尺，四足，满身鳞甲，背刺排生，龙头撩牙，遇人则啮。

心细的读者，此时若将龟龙的特征放在心中比画，想必已猜出端倪。许云樵曾就此考证，他发现在《瀛涯胜览》的传世版本中，其中有一版的写法并非"龟龙"，而是"鼍龙"。鼍是个古字，《诗经·大雅·灵台》里有一句"鼍鼓逢逢"，形容鼍皮做的鼓敲起来嘭嘭作响;《西游记》中也有一个鼍龙，是西海龙王的外甥，占据黑水河，想吃唐僧肉。撇开神话因素，所谓鼍或鼍龙，说到底便是现实中的鳄鱼。或许是《瀛涯胜览》在历代传抄过程中曾误将"鼍"抄作"龟"，才误打误撞，留下了满剌加有"龟龙"的记载。

玩过传话游戏的朋友应该明白，口耳相传的过程往往会造成严重的内容失真，甚至内容彻底被改头换面。即便在历史文献记录上，类似的现象也极为普遍。在《瀛涯胜览》之后的其他明朝文献中，也有将龟龙抄成"龙龟"的。到了成书更晚的张燮《东西洋考》中的《马六甲》（没错，此时已不叫满剌加）条目也提到了龟龙，内容与《瀛涯胜览》相似，但称住在海边的人都怕它，且被它咬到的人都会当场死掉，纸面上的威力似乎还略胜于《瀛涯胜览》的龟龙。

这些与龟龙有关的明代文献中，最绝的当属明代的《坤舆万国全图》，这一份由意大利传教士利玛窦及明朝官员李之藻合作刊刻、集合当时东西方世界地理知识结晶的世界地图里，在马来半岛一侧有批注曰："满剌加地常有飞龙绕树，龙身不过四五尺，人常射之。"看来此时的龟龙已进化成飞龙，还学会了爬树，既会飞又会上树，人们也只能锲而不舍地射它，也蛮合乎逻辑的。

然而众所周知，鳄鱼既不会飞，估计也很难爬树。《坤舆万国全图》的批注，可能又是一次历史传话游戏中的误读。但满剌加有鳄鱼这件事情倒很难是马欢道听途说甚至凭空捏造的产物。昔日的马六甲海峡，海岸线有绵延的沼泽红树林，而在海水淡水交汇的各处河口，是鳄鱼的天然乐土。时至今日，即便我们的海岸线被过度开发污染，红树林朝不保夕，野生鳄鱼也沦为濒危物种，然而河边或海边有鳄鱼出没的新闻，亦从不罕见。甚至最近我国水灾灾情严重，还不时传出有鳄鱼随着水势，在灾区出没走动的新闻报道。

无论是龟龙还是飞龙，当被验明真身的当儿，似乎也没有什么好诧异的了。不过，与鳄鱼相关的怪异传说，在我们的历史日常生活中倒是不胜枚举。在砂捞越有不少著名的巨鳄，本地文史学人李永球在其著作《专吃华人的鳄鱼》一书中，则提到了太平马

图41　太平马登的苏拿督庙内观

资料来源：莫家浩摄于二〇二一年

登（Matang）的苏拿督。这两者的共同点在于都提到人死后，化身鳄鱼肆虐、危害人间的传说。如果这些传说的源头，有部分出自人们对鳄鱼伤人、噬人的恐惧，那么马欢的记载，或许也可以被视为这片土地上流传的各种鳄鱼传说与信仰的历史注脚吧。

三、虎人入市

关于古代马六甲第三种奇异生物——虎人，五百多年前的马欢是这么描述的：

> （满剌加国）山出黑虎，比中国黄虎略小。其毛黑，亦有暗色花纹。其黄虎亦间有之。国中有虎为人，入市混人而行，自有识者，擒而杀之。

在马欢笔下，古代马六甲的山林中有黑虎出没，并且进一步描述其具有黑色的毛皮及暗色花纹等特征。然而天然便长着一身黑毛的老虎，除了神话与小说外，似乎并不存在于古今自然界中。但即便自然界没有黑虎存在的证据，作为老虎的近亲——豹子，却会因隐性基因显化而产生黑豹，其外貌特征也恰好契合所谓"其毛黑，亦有暗色花纹"的描述。

事实上，黑豹在世界其他地方一般很罕见，唯独在马来半岛丛林里却不知为何特别多。在马来语中，黑豹即 Harimau Kumbang，在词意中也被归类为一种 Harimau（虎）。因此，我们有理由相信马欢所说的"黑虎"若确有其事，则很可能便是马来半岛的黑豹。至于当时满剌加国"亦间有"的"黄虎"，大概便是如今马来西亚国徽上也具备的那一对马来亚虎（Harimau Belang）了。

但无论黑虎、黄虎，其实都只能算前菜。真正来劲的，是后面那一段"国中有虎为人，入市混人而行，自有识者，擒而杀之"的匪夷所思：在满剌加国内，有老虎化作人；它会混入市集人群之中，如果被能人识穿其真面目，它就会被抓起来，然后杀掉！

在马来民间传说中，有一种与马欢记述的"虎人"貌似相关的怪异存在——"虎精"（Hantu Belian）。Belian一词，在马来语中也有"巫师""巫医""通灵人"的含义，而虎精有时会以鸟的形态出现，被视为马来巫师可以与之沟通、使唤的精怪。而同样在马来民间传说中，平常人如果被虎精附身的话，将会突然陷入无差别杀人的精神癫狂状态，至死方休。

没错，上述精神癫狂状态，就是在马来世界可谓家喻户晓的"着魔"（Amok）。换句话说，虎精附身，便是对着魔状态（Mengamok）成因的超自然解释。明白这一切后，不妨试着联想，倘若马欢记述的"有虎为人"，其实是在指有人被虎精附身——陷入着魔状态的话，它一旦走进了市集里被发现后，为了尽可能降低伤亡，当然要立刻将之揪出来"擒而杀之"了。换句话说，马欢或许才是世界上已知最早为Amok此一现象留下文字描述的人，比起库克船长（Captain James Cook）关于Amok的记录，还要早上三百年。

阅读马欢的文字，当年郑和船队途经的马六甲，显然是一处有着各种奇异事物的地方，这种印象自然也影响了日后其他中国文人的传抄与臆造。迨至明朝末年，马六甲的怪异又出现了变化。在明末何乔远的《名山藏》中如是写道：

> 佛郎机，黠夷也，猫睛鹰嘴，拳发赤须，而貌皆白，属干系腊国。行贾无所不至，至则谋袭其国人。满剌加海有龙龟，高四尺，四足，有鳞甲，露长牙，啮人立死；山有黑虎，或变人形，入市杀人，合佛郎机为三害云。

文中取代了尸头蛮的"佛朗机"，是当时中国人对葡萄牙人的称呼。明朝末年，马六甲城早已被葡萄牙人占据，继续北上的葡萄牙人，也与大明朝在中国东南沿海有过不太愉快的互动经验。将葡萄牙人描绘成"猫睛鹰嘴，拳发赤须，而貌皆白"的异样"黠夷"，更与龙龟、黑虎并列为满剌加三害，除了印证"人比鬼可怕"的俗话，也不难看出大明朝世界观对于非我族类及王土之外的看法与评价，以及其中的变与不变所在。

四、咖啡、老虎、鬼

那是村里某户人家嫁女儿的前夜，姑娘们前去帮忙，途经一棵榴莲树下，带头的爱莎提醒其他女孩要放轻脚步，因为此处原是某人的坟墓。众人不解，于是便随爱莎坐在椰树干上，听她娓娓道来……

话说在如今枝叶繁茂的咖啡树尚未长成的从前，这山里住着一位绰号"老虎"的白人（Sinna Dorai，泰米尔语，意为"小主子"，旧时亦惯指园丘经理），他手下有两名印度仆工——鸭拿和马西蒙。马西蒙不仅是酸柑水的调制达人，也是位撩妹高手，将我们的祖母帕帝玛撩得不要不要的，村里的马来小伙们看在眼里，更是满肚子火。话说那年头，从丹娜美拉（Tanah Merah）渡来的马来人在边佳兰种硕莪（sago），赚得盆满钵满，岂可让此等门不当户不对的"吉灵"男孩撩走自家的闺女？于是大伙窃窃私语：最好让老虎吃了他！终于，村里的男人按捺不住，凭着一件虎皮，夜里埋伏在回到园丘大屋必经之路旁，准备给马西蒙好看！

是夜，白人养的狗儿仿佛有所感，躁动不安。白人眉头一皱，放下烟斗，拎起火枪，带着狗儿出门散步。他们穿过两侧皆是棕榈树的小径，行至村外的丛林，狗狗忽然发足狂奔，并发出狼嚎一般的嘶吼。白人赶紧追上，却在草木之间依稀见到一只瘦骨嶙峋的恶虎身影若隐若现。须臾，林中传来凄厉的惨叫，一把锋利的匕首取代了虎爪，深深地刺入猎物的颈部。出乎意料的是，此时瘫倒在树下的并非马西蒙，而是路过的鸭拿。遭遇无妄之灾的鸭拿，被众人就地掩埋。从此，每逢明月高挂，人们便会睹见一头硕大的虎鬼，在这棵榴莲树下不停不停兜转……

以上是一则刊载于一八九七年新加坡英文报章《自由西报》（*The Singapore Free Press and Mercantile Advertiser*）、来自笔名"淘气太太"（Naughtybini）的读者投稿，原标题为《边佳兰述异》

（*The Weird of Pengerang*），是传世文献中最早一篇关于边佳兰地区的灵异传说。然而细读推敲后便不难看出，这个鬼故事背后，其实是一起披着灵异虎皮的惊悚凶杀案情。相隔上百年，其故事的真伪固然难考，然而究其历史背景，却甚值一谈。

一八九〇年代是边佳兰咖啡种植兴旺的时期，而上述故事所述的凶杀案被设定为当地咖啡种植初兴之时，按史实推算，应是一八八〇年代初的事情。当时边佳兰咖啡园（Pengerang Estate）由马来亚咖啡及橡胶种植先驱、爱尔兰人倍利（W. W. Bailey）所开辟，因此故事中将园丘经理设定为白人，园丘工人为印度人，甚能与史实相呼应。至于故事中所谓从新加坡丹娜美拉移殖边佳兰的马来人，在此种植硕莪致富的桥段，可以对应到十九世纪末从新加坡迁移到边佳兰沿海垦殖的爪哇裔（Javanese）先民。昔日边佳兰山东南方的头湾，其马来地名Kampung Jawa（意即"爪哇村"），早在一八九〇年代便已出现在柔佛地图上，亦可作为一证。而倍利的边佳兰咖啡园，也确实曾并购与其接壤的硕莪园（Sago Estate），这又进一步与硕莪种植的情节搭上了边。

历史上，倍利所经营的边佳兰园，是马来半岛最早成功栽培利比里亚品种（Liberica）咖啡树并取得收成的地方，但此后又基于种种因素，终在一八九九年收盘出售，几经转手，最终于一九〇六年由日本三五公司购入该园地并改种橡胶，成为日本人在马来亚从事大规模橡胶种植的先驱和佼佼者。

犹记得当初在边佳兰踏查时，曾听头湾的贵合叔说过，头湾内陆那座不太起眼的小丘，当地华人俗称"咖啡山"。如今细想，这或许便是十九世纪末咖啡种植最后的记忆遗留，唯如今也随着政府征地迁村而灰飞烟灭。比起消逝的咖啡、村落、老人、记忆，历史更像是月影下萦绕的虎鬼，午夜梦萦，不弃不离。

五、山君驾到

在马来西亚这个以老虎为国徽的赤道国度里，但凡涉及开芭拓垦的历史，往往都离不开"虎患"此一元素。既然十九世纪末的边佳兰有"虎鬼"之说，那不如让时光回溯，寻觅当时当地是否真有虎踪，以致"虎影幢幢"？

一八八九年九月，《自由西报》先后刊登了两则边佳兰虎患的新闻。首先是在该年八月末，光天化日之下，三名马来人在边佳兰咖啡园旁的森林伐收藤条时，突然遭遇虎袭，其中一人暂被拖入林中。其同伴跟跄逃回甘榜（Kam Pung，马来语的"乡村"之意），召集众人进入山芭（深山）里搜救，最终也只能在森林里的池塘边上，找到一些残碎的人类肢体而已。

就在老虎噬人惨剧发生后不久，一八八九年九月中旬，《自由西报》又刊登了关于边佳兰虎患的跟进报道，谈及当地沿海一带马来村民无不人心惶惶，直指近来当地老虎出没数量倍增，咖啡园里的割草工人白天都只敢集体结伴劳作。到了夜里，老虎还会光明正大踏进村子把狗叼走，以致夜幕降临之后，人皆紧锁门窗，不敢外出。当地一位马来老者更言之凿凿，说此间山君肆虐，皆因知晓柔佛苏丹此时正在游历欧洲，国中无主，方敢趁机作祟也！

姑且不论山中的老虎是否真能知道苏丹的动向，柔佛苏丹游历欧洲倒是确有其事。一八八九年八月中旬，苏丹阿武峇加自新加坡乘轮船启程前往欧洲，以观光兼养病为由，实则开展宫廷外交，为抗衡海峡殖民地政府对柔佛事务的干预，累积政治资本。来自马来世界的苏丹亲自访欧乃当时一大罕事，加上苏丹一去经年，不仅报章常有跟进报道其行程近况，就连偏远乡村的马来老者都能第一时间表示关注，其风潮可见一斑。

除了马来同胞的视角，昔日华人在边佳兰，也对老虎多有体会。马来西亚作家马仑曾在《新马山峦的故事》中转述过边佳兰养猪人家常备有铜锣，一旦半夜猪圈有异响，便可立即敲锣驱虎的地方轶事；头湾的培玉伯从前也曾向我说过他一九三〇年代末的童年记忆：他与父亲在头湾海边，远远瞧见沙滩上出现一只追野猪追到忘我的老虎，他父亲当下没反应过来呆立在原地，却惊见老虎一转身，朝着自己直奔，当即举起扁担一砸，正中虎头，目送山君逃之夭夭。"武松父子"一愣，方才细思恐极。

新加坡作家流军，儿时在边佳兰长大，回忆日据时期一家人在边佳兰深山里耕作生活的经历，说半夜老虎会在屋子外墙磨爪，家里的狗儿年少气盛，冲出家门一探究竟，立马便成了老虎的宵夜；四湾的老朋友无牙憨，回忆一九七〇年代的自己年少家贫，常一大清早独自走进椰园捡椰子出去卖，赖以补贴家用。那一天，他捡着捡着，忽然嗅到丛林中飘来一股罕见的野兽臊味。纳闷之际，陪着他的狗儿一声吠，径直冲入前方不远的林子，旋即唧吱一声，狗不复返。

前些年，马来西亚政府高官曾疾呼，若不立即采取特别策略保护野生马来虎，后者恐怕将在未来五至十年内绝种。待到森林里不再有虎踪，上述既现实又魔幻的乡野往事，也终将化作虚无缥缈的奇谈吧。

六、见虎烧香

在马来半岛华人民间信仰中，关于拜虎这件事，最常见的莫过于虎爷崇拜。在边佳兰地区，亦不难见到有供奉虎爷的大小神庙神坛，然而，对于虎爷的祭祀，或是像"惊蛰打小人"这类的仪式，在边佳兰并不流行；而边佳兰的诸华人庙宇里虽然大都也有供奉虎爷，但这些虎爷也似乎与当地大量的老虎故事并无明显联系。我猜，这或许是由于虎爷信仰传入当地的历史并不长，也未深入民心的缘故所致。

在边佳兰，同样貌似与虎沾边的，还有当地华人口中所昵称的"虎山娘娘"。所谓虎山娘娘，特指四湾的虎头山（Bukit Raja）山脚下的山福寺里供奉的主神南海观音。不过，这尊南海观音及其庙宇虽然也有其专属的传奇故事，却基本与老虎扯不上关系；至于虎头山，我在当地踏查时，确有听闻这座滨海的小山丘曾有老虎出没。然而我却更倾向于相信，此山名典故，乃源于其山形状若虎头罢了。反倒是虎头山的马来语地名解释起来格外有意思：bukit 为丘，raja 为王，王者之丘，恰巧与华人将老虎视为山中之王的观念，遥相呼应。

话说回来，边佳兰山脚下的泰山宫，倒是真与老虎信仰有点关系了。据信，泰山宫建于二十世纪初，庙墙上的一幅壁画，题

图42　边佳兰三湾屿仔顶的虎爷

资料来源：莫家浩摄于二〇一二年

图43　边佳兰头湾护福庙神诞醮棚中的虎爷

资料来源：莫家浩摄于二〇一三年

款年份为"宣统二年"，即公元一九一〇年，若此物为真，此庙距今也得有上百年历史。泰山宫主祀的神明，当地人称作"大士老爷"，由于名称相仿，常被认作是华人社会举办中元普度时常见的"鬼王"大士爷；在当地流传的大士老爷神迹，却有明显的老虎元素，与一般的大士爷信仰很不一样。一九八〇年代前刊于马来西亚《星洲日报》一篇署名"龙影"（实即服务于边佳兰教育界多年的颜英杰校长）的地方通讯稿中，记述了一则有关边佳兰泰山宫"三脚白虎"的传说：

有一次，边佳兰园丘的日本经理宣布要把泰山宫拆掉，他

图44　边佳兰泰山宫大士老爷金身

资料来源：莫家浩摄于二〇一六年

的家门口突然出现了三只三脚白虎，吓得该经理即刻放弃拆庙念头……

传说虽短，却精准地涉及当地曾有日本园丘的史实背景，更引人注目的是所谓"三脚白虎"的说法。在华人社会的传统信仰文化里，老虎常常被隐晦地称为"伯公马"，除了敬畏虎威而不敢直呼其名外，也有将老虎视为山神土地伯公的座驾、手下、神使之涵义。而下一节将提到的洪仙大帝信仰，除了一般被认为与克制虎患、庇护人们开垦山林有关外，其神话的最初原型便是三脚白虎显灵。

图45　边佳兰泰山宫内殿

资料来源：莫家浩摄于二〇一三年

在边佳兰土生土长的秀珠姨是泰山宫大士老爷的虔诚信徒，我听她说过一宗逸闻：话说在二战结束后的四五十年代吧，边佳兰村家家户户接连发生狗儿失踪事件，村民开始怀疑是否老虎下山叼狗，甚至请了数名猎户出手，都遍寻不得虎踪，而狗儿仍旧不断消失，人心不禁惶惶。直到某天，住在村街外的某位乩童忽然开示，说这是大士老爷手下的老虎在给大家发提醒——原来是今年神诞的供品拜少了！村民信众恍然，补足了供品，自此太平。

因此，我认为，泰山宫的传说里出现三脚白虎，固然可能受到洪仙大帝传说的影响，其更深层的文化结构，则暗示了泰山宫大士老爷与山神信仰之间的某种联系。若是如此，泰山宫与老虎的关系，便呼之欲出了。

七、洪仙传说

洪仙大帝信仰流行于柔佛已逾百年，其崇拜很可能源于新加坡，在淡滨尼（Tampines）曾有顺兴古庙，后来并入淡滨尼联合宫，至今仍保留着一副咸丰元年（公元一八五一年）的匾额，上书"洪仙大帝"，由饶平县仙洲乡弟子陈恒丰敬送；亦有一具光绪九年（公元一八八三年）的石香炉，由诏安顺兴众弟子敬送。顺兴古庙的"洪仙大帝"牌匾，不仅是目前已知关于洪仙大帝最古老的文物，同时也是"洪仙大帝"此一神明名讳的最早记录。

图46　安奉于淡滨尼联合宫的顺兴古庙洪仙大帝

资料来源：莫家浩摄于二○一二年

图47　顺兴古庙的咸丰元年"洪仙大帝"匾

资料来源：莫家浩摄于二〇一二年

如前所述，从金石文物史料出发，目前关于洪仙大帝的起源，大抵仅能追至新加坡，换言之，洪仙大帝极有可能是孕育自新马华人社会的本土神明。根据安焕然及其学生萧开富合著的论文《新马洪仙大帝信仰的历史与现状》考证，新马一带的洪仙大帝信仰，常常与地方上的虎患传说相关，由此呼应洪仙大帝信仰与镇压虎患两者的关系；至于此种关系是如何被建构的，我觉得倒可从流传于本地的几则洪仙大帝起源传说一探玄机。

目前已知最早记载洪仙大帝起源的传说，乃新加坡已故学人邱新民在一九七九年写就的《洪仙公来历》。故事大概是说在十九世纪中期的新加坡，有只常现身于人前却从不吃人的白虎，因被猎人设的陷阱所伤，愤而咬死猎人，却被临死前的猎人斩断一条后腿。之后，白虎幻化为红脸白须白袍老者，来到一名樵夫跟前，请求对方协助包扎伤处，工人察觉其真身乃老虎，本想一斧头了结对方，却凭好生之德，依旧不动声色替其治疗。当晚樵夫梦见老者，向他道谢疗伤与不杀之恩，并称自己掌管着老虎，准老虎吃该吃之人，如今误踩陷阱受伤，又误杀无辜，阳寿已尽，升天成仙，请樵夫三天之后到其窝中替他焚化其遗体，并立石龛神位，保境平安。樵夫与同伴到该处，果真见着三脚白虎，于是奉其为神虎火化，依言筑立神龛供奉，尊称神虎为洪仙，此即洪仙大帝传说的由来。

一九九七年出版的《柔佛古庙专辑》中，本地资深记者黄建成引用了一本名为《星马民历》的书中记载，撰文讲述洪仙大帝的来历，与邱新民的版本可说截然不同，称洪仙公原是广东大埔人氏，姓洪，聪慧习武，在地主家教拳兼鸠收田租，为人善良侠义；有次在收数途中，梦见一身穿黑纹黄底衣的跛脚老汉告诉他实乃伏虎罗汉出世；梦醒后，洪氏又在山路上遇上三脚老虎，顿然醒悟，遂骑上虎背成仙。时至二〇〇一年，淡滨尼联合宫晋宫十周年纪念刊又刊载了另一版本的顺兴古庙洪仙大帝传说，称在早期淡滨尼有位樵夫上山砍柴遇到老虎，樵夫向老虎求饶，许诺买个猪头给它吃；老虎听罢走到山下一棵芒果树下等待，结果其他村民见到老虎，打伤其后脚，老虎遁入山中；等樵夫买了猪头回来不见老虎，得知缘故后，重信义的他将猪头带入山中寻虎，遂在山中修道；几年后村民见到一位神明骑着三脚老虎出现在那棵芒果树前，自称洪仙大帝，村民因此在芒果树前立庙崇拜之。

比较上述三种传说版本，可见里头的人类有不同身份，包括受害者、加害者、施恩者、报恩者、神人与凡人等等，但老虎的形象却一律具备灵性和神性，且这些老虎都先后呈现三脚姿态，象征着受伤状态。根据老虎习性，正常的老虎一般会远离人类，但伤病的老虎为了自卫或饥不择食，特别具有攻击性，因此对人类而言格外危险。在我看来，洪仙大帝信仰的原型，很可能源自星马华人先民对于负伤山君——三脚虎的敬畏之心，也有可能部分来自人类对自身设置陷阱、猎杀老虎所积累的不安感，作为代偿所进行的祭祀行为。正如瘟疫与王爷信仰的关系，人们会通过拜祭具象化的灾厄以求趋吉避凶，洪仙大帝之所以能镇压虎患，或许皆因其原型即是虎患本身，其是源自先民本土拓荒经验的恐惧与不安记忆吧！

八、功德祠与盛明利

马六甲市郊峇株安南的功德祠，主祀大伯公，庙身规模不大，猛一看不起眼，却有着逾一百七十年的历史，且凭古钟、石炉为证。二〇二二年，我与几位学人朋友两度寻访至此，除了瞻仰百年大伯公的香火，也为了寻访功德祠另一件年代久远，却鲜少被问津的历史文物。

在功德祠庙埕前有一块石碑，碑面上部抬头刻有"广东公司"四字，右侧起始则刻曰"义冢题缘开列"。根据碑铭记载，此碑立于咸丰三年夏月，即公元一八五三年的五月下旬至八月中旬之际。这块《广东公司义冢题缘碑》碑刻虽有漆，然仍有字迹模糊难辨之处。几番努力后，终于解读出碑记，抄录如下：

尝思天宝物华，表表其中，钟岳英灵挺生，人文四境祥

图48　马六甲峇株安南功德祠的《广东公司义冢题缘碑》

资料来源：莫家浩摄于二〇二二年

宁，借乎神庇，贻谋克昌，展其陵宇。兹我广东阖省人民游斯南方，皆备举而善置，瞻仰峇安南大伯公，庙貌崇峨，制更而上下皆宜，启观来龙，雄势泰岱，可结牛眠，形分九曜，度地定基。于是捐资修理义冢，爰告同人，安愈求安，得其尽善尽美，敢云川岳毓秀，富贵可期，幽赞三才，明庇万姓，人杰地灵，脉脉振懋，预卜其昌。谨以为序。

由此看来，此碑应当立于峇安南大伯公庙（即如今的功德祠）建庙之后；又因功德祠古钟为咸丰二年仲冬（公元一八五二年十二月中旬至一八五三年一月上旬）所立，确实比《广东公司义冢题缘碑》立碑年份尚早几个月，从而印证了碑文的叙述。碑文继而描述此处风水地形，适合"修陈义冢"。若结合碑铭的标题及大量人名和捐款金额记录，应可确信此碑是由当时当地的"广东阖省人民"组成之"广东公司"，以在峇安南大伯公庙址附近修建义冢为由，进行募捐筹款，并为此立碑纪念。这里所谓"义冢"大致有两种可能：一是供大众埋葬先人的义山；二是作为集体埋葬、迁葬或象征性纪念的总坟。然而在今天功德祠周围，并无发现任何义山或总坟，尝试询问当地人之后才知道，原来在庙旁曾有一座"广东公司义冢"，就常见坟墓那么大，后来迁到了马六甲三宝山。如此看来，这里的"广东公司义冢"很可能属于第二种情况的象征性纪念、进行集体祭祀的总坟。

进一步细读此碑，捐款人名当中赫然出现"甲必丹盛明利题银拾太元"的记录。依照通说，盛明利生于中国广东省惠州城，一八五〇年南来马六甲谋生，一八五八年前往森美兰（Negeri

138

Sembilan，旧称"双溪芙蓉"［Sungai Ujong］）参与锡矿开发，而后被封为当地华人甲必丹，一八六一年卷入锡矿械斗，战败身死。在民间传说中，盛明利死后显灵，并庇佑叶亚来赢得雪兰莪内战（Selangor Civil War），其神迹使他成为如今全国各地仙四师爷庙宇所敬奉的神明。作为凡人的盛明利，留下的金石文物并不多，其中一处便是马六甲三多庙保存的《三多堂扩建捐缘碑》，立于咸丰七年（公元一八五七年）。此碑下阕有副题曰"芙蓉炉骨捐题银芳名"，应为来自芙蓉方面的捐款记录，其中盛明利捐十六元，位居榜首。

如今重新发现《广东公司义冢题缘碑》的意义，并不仅仅是为盛明利事迹再添一笔注脚而已。因为在《三多堂扩建捐缘碑》中，其实并未注明盛明利乃甲必丹，相信这也是昔日通说中对于盛氏乃于一八五八年前往芙蓉之后，方才成为甲必丹的侧证之一；然若根据《广东公司义冢题缘碑》的立碑年份，则盛明利显然至少在一八五三年已然成为甲必丹。如此一来便与通说产生矛盾，并由此引发一系列新疑窦：例如，莫非盛氏在一八五三年便已抵达芙蓉并成为华人矿工领袖？还是说，一八五三年的盛明利，其实曾在别处担任过甲必丹？此处的"广东公司"及大伯公庙，又与盛明利有何关系？显然，面对新史料，个中历史也势必需要重新斟酌。

九、英魂显灵

在华人传统民间信仰里，无主孤魂是一种不确定因素，若不能

图49　芙蓉亚沙千古庙里的盛明利神位碑

资料来源：莫家浩摄于二〇二三年

回避，也要毕恭毕敬地普度，以免惹祸上身。因此每逢农历七月，便有许多针对"鬼月"的避忌，但这又反过来挑起人们的求知欲，此时灵异故事便格外有市场。唯较少人会注意到，其实在一些条件满足下，鬼魂其实也可以转化成神，而这种过程未必要发生在古代中国，即便在近现代的马来半岛也能找到。以下要谈的盛明利英魂成神传说，便是一例。

前文简单介绍过盛明利的生平，包括他在十九世纪中期从惠州下南洋，在森美兰芙蓉一带投入锡矿开发并成为甲必丹，一八六一年卷入当地械斗战死。根据一些流传下来的传说，有指盛明利是在率队撤退时遇上敌方而被擒住斩首的，也有指盛明利是在河边洗脸时被敌人从背后偷袭斩首的。两种版本中，斩首都是共同点，且都被描述在斩首当下流出了白血。流淌白血的元素，不禁让人想起前面提过的传说：在马来文化的认知中，白血象征了纯洁无辜。而在华人文化当中，无头将军的形象，又很容易让人联想到《三国演义》里战败被擒斩首的关云长，死后其刚烈冤魂作祟，整死了好几位害死他的三国名人，之后才渐渐成了神。

显然，斩首与白血虽凸显盛明利之壮烈含冤，却仍不足以令他成神。传说的下一步便要由叶亚来登场。相传这位吉隆坡的开拓者曾是盛明利的得力干将，在获知盛明利身死后，协助收殓其遗体下葬，在芙蓉的加榄母地方立庙祭祀，尊称其为仙师爷。之后仙师爷开始展露神迹，先是托梦叶亚来，要助他远征吉隆坡。于是叶亚来率众开始征途，在沙叻秀（Salak Selatan）遭遇困难，决战前叶亚来返回加榄母拜请仙师爷指点机宜，结果夜里又梦到仙师爷指点他立即背负其香火出阵，并要他命令手下找来黑狗血以破敌人降头术，结果当然是叶亚来大获全胜。战后的一八六四年，叶亚来回到芙蓉迎接仙师爷香火赴吉隆坡，此处便是吉隆坡仙四师爷庙的肇始。

关于盛明利成神的传说，台湾学者李丰楙认为这是本地华人"王化仿效"的结果：首先，盛明利属于非正常死亡，随后流传了不少圣迹，但关键还是得将他入庙奉祀，"遵循儒家祭法而拟似功烈之神"；而在同乡同党认知中，盛明利壮烈牺牲，有功于社群，也自然是要入庙奉祀进而成神的。况且海外华人不受中国王朝祭祀礼制之限，神化创造的门槛相对低，像盛明利——仙师爷信仰在马来亚独立前后的发展，在李先生看来，便是本地"华人宗教"意识的展现。

在我看来，与很多传说故事相似，盛明利的成神传说也天然地与历史记载有许多兜不拢的部分，这里不是在说托梦是否属实、黑狗血能否克降头之类的寰宇搜奇档案，而是说叶亚来陷入雪兰莪内战的时间点，明明是在一八六八年之后，但传说却将之提前至一八六四年之前，这么一来便导致吉隆坡仙四师爷庙的创立年份显得可疑；本地文史学人李成金亦发现在十九世纪末的英文文献中曾谈及盛明利首次显灵，是在其迁葬回马六甲的一八六七年之后发生；李成金进而结合大量的田野考察所见，提出仙师爷另有其神，四师爷才是盛明利的理论。英灵成神故事固然扑朔迷离，唯历史解谜也不遑多让。

图50　吉隆坡仙四师爷庙里的叶亚来光绪九年敬酬匾

资料来源：莫家浩摄于二〇二三年

十、四师爷考

在马来西亚本土华人信仰诸神当中，仙四师爷无疑是其中最具代表性的神祇之一。而在全国范围内供奉仙四师爷的庙宇也不少，如近年成立的全国仙四师爷庙联谊会，共有近二十间庙宇参与其中；李成金的田野调查统计，截至二〇二一年，全国至少有二十九间庙宇主祀着仙四师爷。二〇二三年年初，马来亚大学马来西亚华人研究中心，与吉隆坡仙四师爷庙合作筹划设立的仙四师爷庙拓荒博物馆正式开幕，更为仙四师爷信仰与本地华人史研究树立了新的里程碑。

尽管神恩浩荡、香火不绝，相关研究也如汗牛充栋，关于仙四师爷究竟是何方神圣，历来是众说纷纭，百花齐放。多数论者以一九五九年出版的《吉隆坡仙四师爷宫创庙史略》一书中，由该庙元老张敬文收集整理撰写的《仙师爷甲必丹盛明利公史略》及《四师爷钟来公史略》为本，接受仙四师爷乃英魂显灵的盛明利（仙师爷）与叶亚来的得力干将钟来（四师爷）合祀而成的说法。一九九七年由马来西亚华社研究中心出版的《吉隆坡开拓者的足迹——甲必丹叶亚来的一生》一书中，主编李业霖则提出了新说，认为四师爷乃叶亚来的莫逆之交、在乱事中殉难的叶四。千禧年后，又有李成金长期踏查全马各地仙四师爷信仰相关庙宇文物，进而提出四师爷乃盛明利，而仙师爷另有其神的猜想，唯其观点尚未完整论述，便于二〇二一年不幸撒手骤逝，留憾人间。

无论如何，在诸多前人的基础上，我与本地文史学人周建兴继续对仙四师爷神源进行探究，并基本认同"李成金猜想"中关于四师爷乃盛明利的说法，目前证据大致有三。

首先，目前已知关于仙四师爷信仰研究的文献是莱特西埃（C. Letessier）所著、刊登于一八九三年《雪兰莪学报》（*Selangor Journal*）上的一篇短文，题为"Si Sen Ta, A Chinese Apotheosis"。文中明确指出盛明利遗骨迁葬马六甲后，在当地墓前显灵附身，口谕成神，神名"四师爷"（Si Sen Ta）。应当注意的是，这篇文章比起张敬文的《史略》早了近七十年，与仙四师爷信仰形成的时代更接近，更有可能记录下了比起后世流传相对更为可靠的讯息。

其次，根据墓碑碑铭年份（同治八年己巳冬月），盛明利应于一八六九或一八七〇年间迁葬至马六甲，而目前能找到关于四师

图51　芙蓉亚沙千古庙的同治十一年铜钟

资料来源：莫家浩摄于二〇二三年

爷最早的文物，乃芙蓉亚沙千古庙的"玉封四师爷台前"铜钟，铸造年份为同治十一年孟秋（公元一八七二年八月），符合前面提到的Letessier文章所叙，即盛明利是在迁葬后才显灵成神的说法。此外，在目前已知有年份可考的仙四师爷庙宇文物当中，凡是一八七〇年以前的文物，皆未见四师爷之神讳，也可视为侧证。

最后，森美兰华人文史馆馆长陈嵩杰此前已觅得芙蓉亚沙千古庙的旧信笺，抬头印有"四师爷盛明利"字样，而千古庙中除了上述一八七二年"玉封四师爷台前"铜钟外，也奉祀着盛明利神位石碑，却没有其他与钟来、叶四等四师爷人选相关的蛛丝马迹。

综上所述，我们认为比起其他版本，四师爷是盛明利的推论，反而较为符合传世史料的交互印证及历史过程。当然这并非结论，更遑论定论。历史研究的乐趣往往不限于简单的肯定与否定，而是在于抽丝剥茧的过程中那反复煎熬的谜之醍醐味，对吧？

十一、古墓夜话

二〇二一年岁末，通过友族同胞的引路，我在柔佛边佳兰内陆的观音山北侧发现数座华人古墓。经鉴定碑文后，初步确信为十九世纪中叶港主制度时代的遗迹，并推测这些古墓的所在地，属于柔佛最早开发的港脚之一；而其中一座立碑年代为咸丰八年（公元一八五八年）的古墓，更是柔佛东海岸现存已知最古老的华人墓碑文物。相关新闻见报后，收获边佳兰村民不少反响，在当地自发掀起一波"考古热"。其间，失传近三十年的边佳兰七湾（Pungai）古庙残柱，也戏剧性地重新被村民们所发现，经安排最终落户边佳兰六湾神庙村，自是后话。

　　见村民四处寻古，我也不厌其烦地拜托大家帮忙留意在边佳兰一带有没有其他古墓的情报，其中七湾内陆是一大重点。据云在一九八〇年代初，曾有村民在七湾古庙附近清芭（清理杂草或其他植被）时，目睹当地有许多华人墓碑。在边佳兰执教鞭多年的颜英杰校长，一九九五年曾亲临七湾古庙考察，在古庙遗址旁边不远处发现了两座清同治年间的古墓，并拍下照片。逾二十年后，我也曾亲自勘察昔日两座古墓所在之处，此时却早已长成一片茂密的茅草地，四处是野猪窝，常人不敢踏足。去年尾，村民们也曾故地重游，也完全找不到古墓的踪迹。

　　故坟虽难再现，寻墓的故事却未画下句点。去年十一月，在热心村民的寻访下，得知七湾当地一位友族同胞的果园里有一座华人坟墓。村民找到了这位园主，并拍下该墓碑以及坟墓周边散落的瓷碗、瓷杯等器皿，将照片传给我。通过手机屏幕，大致辨识出这是一座清代古墓，于是趁着来边佳兰记录七湾古庙残柱的当儿，拜托知情的村民联络园主，让我实地勘察这座古墓。

　　午后天空阴沉，不时飘着细雨，我们一行数人乘坐四驱皮卡，由园主引领，一同来到果园，走不远，便在一抔浅浅的黄土前见着一方石碑，粉笔一抹，碑文乍现，原来是一座立于光绪元年（一八七五年）的墓碑，中榜刻有三个人名，包括沈姓男子及其两位太太——蔡氏和魏氏。墓碑上也记载了墓主人的祖籍为"海邑华美仙桥乡"，应即今天的中国广东潮安区东凤镇的华美村及仙桥

图52　柔佛边佳兰七湾果园发现的清代光绪年间古墓

资料来源：莫家浩摄于二〇二一年

村一带。

　　尤其值得注意的是，墓碑上刻有的"汨"字样。目前关于"汨"字出现在墓碑上的来由，大都倾向于将它与天地会或义兴公司的成员及其活动相关联。在此前提下，由于十九世纪中后期至二十世纪初活跃于柔佛的义兴公司，常被认为是唯一获天猛公政权准允在柔佛境内公开活动的华人会党组织。所以，在柔佛境内所发现的汨墓墓碑，亦常被视作义兴公司昔日风华的史证。

　　但真正玄奇的故事，来自我们年届八旬的友族园主。据了解，老人家本来是边佳兰大湾人，十年前受边佳兰石化工业区征地影响而搬迁至六湾，并获分配位于七湾的两英亩地作为补偿，即为今日的果园。而当年他在此地清芭时，便发现了墓碑及那些瓷碗、瓷杯。他虽不识汉字，但也知道这是一座华人坟墓。尔后的夜里，他与他女婿先后梦见一位打扮高贵的中国女子从墓中走出来，问他们是何人也。园主在梦中回答说，他是这块地的新园主，而女子则表示这里是她的土地，但允许他们使用，并将那些碗杯器物赠予他。

虽说日有所思夜有所梦，但不谙中文的他，自然不会知道墓碑上有两位女性的名字，却又能梦见中国女子，细细思来，恐怕也只好当作是巧合中的巧合，半夜才能睡得着了。老人家及女婿却对梦里所见深信不疑，也将瓷碗、瓷杯视作恩物保存，不愿转售，同时表示日后仍将好好照料这座古墓。这不禁使我想起边佳兰征地过程中连带被夷平的上千座华人坟墓，其中甚至有比这座古墓还古老的。而如今这座七湾古墓，又恰好坐落在因征地而逼迁至此的友族村民新园地里，备受珍视，方有机会在今天被好好记录下来，成为佐证柔佛东南区域华人拓殖史重要的金石文献，祸兮福兮，亦不妙哉。

十二、唐番兄弟

自新山市区出发，沿着柔佛海峡往东走约十五公里，有处名叫直落爪哇（Teluk Jawa）的海滨，曾是这一带颇有名气的潮州村落。据文史学人洪来福的调查，华人自二十世纪初开始踏足当地，当中有不少是来自对岸新加坡三巴旺（Sembawang）的潮籍人士，几乎清一色祖籍揭阳，二战前人口巅峰曾达近百户人家，其中又以揭阳白塔乡的洪姓占多数。直落爪哇曾一度成为这一带颇有名气的潮州村落，又因地处滨海，当地华人先民多有从事捕鱼与奎笼作业，即便时过境迁，土地开发，人口剧减，仍有由当地华人经营的养虾池和海鲜食坊在运作，犹如历史尾韵。

老村民口中的直落爪哇，由西到东有三区：最西边的炭窑，最东边的美山园，以及处在两者之间的椰脚。三区有各自的祭祀场所，椰脚的宋大峰祖师庙原是当地大户之家神，二战后转为公庙；美山园的大伯公庙据云建于一九三○年代，乃三巴旺伯公庙分灵而来；至于炭窑则有拿督公，原位于炭窑和椰脚交界处的一棵大树头前，神龛中只有一口拿督公石香炉，却被当地耆老咸认为那是直落爪哇最老的"庙"，口述中保有二战前便在此做酬神皮影戏、演潮乐、祭拜中元的记忆。一九七○年代土地易手，外来的新地主请来道士，将拿督公请至直落爪哇周边的一处义山上，因无人管理，石香炉不见了，最后义山也因开辟公路而夷平，拿督公庙亦随之消失。

纵然炭窑的大树、神龛与旧石炉都已不复存在，直落爪哇的华人却没有让拿督公的庆中元中断，据说在一九七○年代被迫迁庙后，便将庆中元的地点改至椰脚的路头来办，至今近五十年未辍。根据耆老说法，其庆中元向例都是办在农历七月十五上午，纯粹是村民自行操办，普度棚中一共有四张供桌及香炉，分别为天神、拿督以及祭幽的两桌。祭幽这两桌有各自的香炉，据说也是昔日旧俗的延续：原本在炭窑时，庆中元便会在拿督公庙左右两侧各设一"亭"，分别祭拜"华人"及"番"之无主孤魂。所以，即便

图53 直落爪哇庆中元的番魂供桌

图54 直落爪哇庆中元，参与者在路边插香

资料来源：莫家浩摄于二〇二三年

改至椰脚路头庆中元，也会依旧设上"华人"与"番"的供桌分开拜祭。依我观察，两桌供品其实雷同，唯独"华人"孤魂的供品会有烧猪肉及酒类，而"番"孤魂的供品则没有上述两类酒肉，但会与拿督公一样，多摆一道羊肉咖喱上桌。

在本地华人民俗信仰中，"拿督公"常常是与"非华人""穆斯林"等元素密切相关的土地神祇，而"番"也经常会出现在本地华人居家或庙龛的地主神位上，以"唐番地主"的姿态，一方面表达"他者中的华人"情境，也同时映射着家园与故土的联结。那么，直落爪哇庆中元的"番"，究竟所指何"魂"？直落爪哇确实住了好一些"番"，即通称海人（Orang Laut）的实里达人（Orang Seletar），旧时华人惯蔑称之为"海番"，昔日直落爪哇地海鲜食坊也会以"海番村"为噱头宣传。然而这批实里达人是在一九七〇年代才迁居至直落爪哇，似乎不太可能影响到二战前当地庆中元即存在的祭拜传统。另一种可能性则是爪哇人（Orang Jawa），他们才是直落爪哇最早的住民，因此这里才有了"爪哇湾"（Teluk Jawa）的地名。虽然这些爪哇人在二战结束后便陆续迁离直落爪哇，但仍有当地华人耆老记得他们的贫困身影，以及曾经遍布村落各处的近百座爪哇人墓碑。

香港学者蔡志祥认为，盂兰节是安抚和超度那些没有在我们日常祭祀范围内之灵魂的节日，若不去祭祀那些没有被子孙拜祭的孤魂，他们便会危害社区，只有等到完成了普同的救赎，把灵魂超度，社区才会度过危机，摆脱阴气影响，令阳气重返，完成阴阳的周期回圈。而在我看来，直落爪哇庆中元习俗里则似乎又蕴含着一种华人视角下显得质朴的多元移民社会历史寓言：在庇护此方水土的拿督公主持下，好兄弟们既要区分唐、番，以不同文化对待；同时又一视同仁，一并接受普度。如此一来，我们的华人先辈方才自觉能在这片处处可见异族坟墓的土地上出入平安，六畜兴旺吧！

十三、年兽来由

"爆竹声中一岁除"，"总把新桃换旧符"。在华人社会里，新年的脚步往往是既看得到，也听得见。说到燃爆竹、贴春联的习俗，就不得不提如今大街小巷皆耳熟能详的"年兽"传说。此传说故事变体繁多，一般都会言及有"年"这个怪兽来人间捣乱，人们知道它有怕声音、怕红色、怕火光、不喜整洁等弱点，因此便一家团聚，以大扫除、贴春联、放鞭炮、灯火通明等方式吓走年兽云云。

根据上述的年兽特征，好事者可以从中国古籍中探究出其"精神原型"。例如汉代《神异经》中所载：

> 西方深山中有人焉，身长尺余，袒身，捕虾蟹。性不畏人，见人止宿，暮依其火，以炙虾蟹。伺人不在，而盗人盐以食虾蟹。名曰山臊。其音自叫。人尝以竹着火中，爆烞而出，臊皆惊惮。犯之令人寒热。此虽人形而变化，然亦鬼魅之类，今所在山中皆有之。

按此描述，想要吓退这个爱吃虾蟹又不怕生人的山臊，方法便是火烧竹节噼啪响。而到了中国南北朝时期，《荆楚岁时记》里亦写道："正月一日，是三元之日也，《史记》谓之端月。鸡鸣而起，先于庭前爆竹、燃草，以辟山臊恶鬼。"看来，燃烧竹节引发爆裂声来驱散山臊的做法，已是当时人们大年初一大清早履行的习俗。至南宋时期，《岁时广记》卷四十"燎爆竹"条引李畋《该闻集》则讲了一则今天读起来都生动得很的爆竹辟妖故事：

> 邻人有仲叟，家为山魈所祟，掷瓦石，开户牖，不自安。叟求祷之，以佛经报谢，而妖祟弥盛。畋谓叟曰："公且夜于庭落中，若除夕爆竹数十竿。"叟然其言，爆竹至晓，寂然安帖，遂止。

上述故事不仅坐实了爆竹可以辟妖的功用，提供建议的李畋更被中国烟花爆竹业奉为祖师。宋代以降，用火药制成的爆竹渐渐取代昔日的烧竹，形态也越发五花八门，在意义层面也如春联的演变一般，喜庆的色彩益重，逐渐盖过了辟邪的意味。而传说中绘声绘色的山臊、山魈，也逐渐淡出人们的脑海。

如今脍炙人口的年兽，其特征或可追至远古的山精鬼魅，但年兽传说的真正诞生，却并不那么久远。近年根据上海图书馆参考馆员祝淳翔的考证，年兽传说其实最早流传于一九三〇年代的上海。一九三三年，小说家兼报人孙玉声以笔名"海上漱石生"，在刊物《金刚钻》上发表的连载文章《沪壖话旧录·岁时风俗之回忆》中记述当时沪人于岁末大扫除后，会在家中悬挂各类神仙年画：

> 其有悬紫微星画轴者，画家每绘一石柱，柱上锁一似狗
> 非狗之兽，或云是兽即天狗星，或云是兽名年，常欲食人，
> 紫微星故锁系之，不令至下界肆恶，而使人不逢年患，故过
> 年时悬此最宜。然腹俭如余，殊不知此典出处，且愧无从
> 考证也。

祝氏认为，孙玉声在文章中"忆幼尝闻诸父老言""且愧无从
考证"的年兽传说，便是如今华人社会中各种年兽故事的源头，
并进而推论年兽最早的形象，其实源于"紫微高照"年画中被紫
微星君制服的洪水猛兽。而孙玉声的年兽故事，很快便在当时的
上海文坛产生影响，反复被他人借鉴和丰富细节，在连番的"同
人创作"下定型，并在二战后初期传播至香港及台湾，遂风行于
华语世界。

那么，年兽传说是何时传入马新一带的呢？据我所考，目前
已知最早在本地刊行流通的年兽故事，大概是一九五八年刊于新
加坡《南洋商报》、署名"风木"所写的一篇题为《"过年"的由
来——一段近于神话的故事》，文中基本沿用了上海一派的年兽设
定，进而也将"过年关"解释为"过了年兽的一关"，拜年为"庆
贺安度年关"，春联是因为单纯贴红纸吓年兽太枯燥，所以多写几
个字而成，鞭炮是替代敲锣打鼓吓年兽的方案，团圆饭是为了准
备大鱼大肉给年兽饱餐而不再吃人等等。

概以言之，年兽的故事之所以在近百年间得以普遍流传，其
中一个要素是它在很大程度上不受中国传统神话传说结构的限制，
跳脱了忠孝仁义礼智信的框框，取而代之的是正邪二元观，因此

可以天马行空地不断再创作，既充分满足人们对于当代过年习俗由来的解释，又容易与现代价值相呼应，因此适应性极强。情节童话故事化后，又特别适合讲给孩子听，如此一来形成观念的路径依赖，年兽便在你我的脑海中，赶也赶不走了。

第五章

记忆危机

一、失落的炮弹

二〇二一年四至五月间，柔佛警方接获公众举报，在边佳兰内陆的观音山（Bukit Pelali）北侧、瑟巴纳河（Sungai Sebana）河畔一带先后发现了旧式炮弹。警方拆弹小组随即在发现地点进行勘察，前前后后一共找出了数十枚未爆弹，并成功实施引爆作业。根据警方事后公布的讯息，只可知道这批旧炮弹大部分为四十毫米口径的火炮炮弹，以及八十五毫米火炮炮弹和六十毫米的迫击炮弹各一枚，至于它们的详细型号及年份资讯等，则均未见报。

在马来西亚，人们在开垦土地或施行土木工程的途中，意外发现旧时炮弹或炸弹的新闻，可谓屡见不鲜，每年都会发生好几宗的样子。究其缘由，很大程度上可以归因于我们曾在第二次世界大战期间沦为战场的缘故，而这些军火大都是交战双方的手尾，其中包括空袭的未爆弹，有的则是因为种种原因被遗忘在这片土地上的库存。

话说回来，上述被遗留在边佳兰瑟巴纳河畔的炮弹，其来历确实值得一探究竟。在一九四一年末至一九四二年初的马来亚战役期间，边佳兰地区并未成为交战双方攻防的热点。虽然二战前英国人确实曾在柔佛河岸修筑若干碉堡设施，但选址并不包括瑟巴纳河畔。那么，这些炮弹究竟从何而来，又为何会被遗忘在此？

在我看来，要解答这个问题，首先要从瑟巴纳河西南方向、十一公里开外的边佳兰炮台说起。一九三〇年代初，随着新加坡三巴旺军港开始建设，作为军港防御工事的一环，英国人开始规划在柔佛河口东侧的边佳兰山（Bukit Pengerang）兴建炮台。一九三四年，柔佛政府正式向拥有边佳兰山地段的日本三五公司强制征用七百英亩土地，而边佳兰炮台也在一九三六年正式落成。一九四一年十二月八日午夜时分，日军在马来半岛东海岸登陆，掀开了太平洋战争与马来亚战役的序幕。英军备战不足与防御策略失误，加上日军强大迅猛的攻势，导致后者在马来半岛势如破竹。由于日军选择跨越马来半岛内陆由北往南进攻，整场马来亚战役的战火几乎绕过了包括边佳兰炮台在内的新加坡海岸防御体系。有趣的是，迟至一九四二年二月二十二日，即新加坡沦陷一周后，日军方才终于派人前来边佳兰受降并接管当地军事设施。因此，战时一炮未发、至今仍伫立在边佳兰山岗的边佳兰炮台，或许才是二战英军在英属马来亚最后一座失守的要塞，比起有"东方直布罗陀"之称的新加坡，还多坚守了七天。

日据时期，日军继续沿用边佳兰炮台设施。战争结束前夕的

图55　至今仍保留在边佳兰山脚下的炮台碉堡遗迹

资料来源：莫家浩摄于二○一五年

一九四五年四月，一份盟军情报指出，日军在边佳兰炮台增设了四个防空炮阵地，共装备六门防空火炮。一九四五年八月十五日，第二次世界大战结束，边佳兰的日军投降后，由当地的人民抗日军受降并接管日军的军火与战略物资。同年底，马来亚英军管制区（British Military Administration，BMA）辖下的哥打丁宜县民事官（Civil Affairs Officer）亲自到边佳兰视察，发现理应留在边佳兰炮台的日军军火与战略物资不翼而飞，而当时的人民抗日军出身的边佳兰区人民委员会主席则表示对此"并不知情"。而罗生门之处恰好在于，边佳兰人民抗日军成员、二战后回到中国参与革命的陈诚志，在其回忆录里提及自己曾参与处理人民抗日军接管边佳兰的事务，并将从日军处缴获的物资"转运上山"。

如果陈诚志曾"转运上山"的那批物资中确实包括日军军火，那这次在观音山脚下发现的旧炮弹，会否就是这批失落军火的一部分？巧合的是，二战期间，日军曾在东南亚战场上缴获英军的波佛斯（Bofors）四十毫米高射炮多门，并将之运回日本进行逆向研发，于一九四三年发放给驻扎东南亚的日本南方军使用。这批高射炮，包括日本逆向研发后出产的五式四十毫米高射炮，都是使用四十毫米炮弹，日方称之为"三式高射尖锐弹"。

无论如何，关于这批炮弹的来历真相，早已随着柔佛警方拆弹专家一声令下，以平地一声雷之姿，在边佳兰山林河畔消散无踪。今年虽是太平洋战争爆发八十周年，唯多少战争的幽灵，至今仍旧深埋在青山绿水间，留待有心人去发现、悼念。

二、日本支沟

在柔佛边佳兰的四湾与五湾地界相交处，有一条连当地人都不太在意的小溪流。跨过小溪的桥上有政府立置的地名牌，称这条小溪作"Cabang Parit Jepun"。在马来语里，Cabang 有分支之意，Parit 即沟渠。在柔佛西海岸，有许多冠以 Parit 的地名，大抵与早期爪哇裔先民在当地的拓殖活动有关。有人认为，这些沟渠乃供灌溉、行船所用的运河，但也有称其为聚落与聚落之间的界沟的说法。在我看来，早期爪哇裔先民以擅长开垦沼泽地而闻名，而沼泽开垦又务必得先行挖沟排水，因此，在柔佛西海岸处处可见

图56　五湾的"日本支沟"地名牌

资料来源：莫家浩摄于二〇一七年

的Parit地名，可能便是上述垦殖方式的历史遗留吧。

说回Parit Jepun，从地名来解，显然与日本人有关。而"日本沟"之地名，在柔佛的新邦令金（Simpang Renggam）及印尼的西加里曼丹都有，唯其地名出处典故，尚不甚明了。倒是这条在边佳兰默默无闻的"日本支沟"，还勉强能在历史文献中找出一丁点线索。早在一九三〇年，日本人便开始在包括边佳兰在内的柔佛东海岸地区进行各类矿产勘探，并向柔佛政府申请开采准证，但始终未获批准。一九三七年，日资公司石原产业株式会社在边佳兰勘探到了能作为提炼金属铝原材料的铝土，并向柔佛政府申请开采，却依旧被拒绝。一九三九年，或是由于二战爆发，铝矿作为飞机生产重要战略物资的缘故，身为英属马来亚一员的柔佛政府，却一口气将全边佳兰地区的勘测与开采权授予了加拿大的铝业公司。

一九四二年，日军占领边佳兰，石原产业株式会社终于得偿所愿，在五湾开采铝土矿，并将之取名为"南岸铝土矿山"。当时在五湾矿山里的工作力，有来自柔佛古来的华人，也有来自爪哇岛和柔佛峇株吧辖（Batu Pahat）的爪哇人，以及从新加坡招聘过来、搭造锅炉的华裔技术工人。或许是为了将开采的矿石从现成的边佳兰码头出口，日本人召集了边佳兰沿海地区各村落的老百姓来铺设一条衔接五湾矿山到边佳兰码头的公路。村民们参与的劳役，包括在头湾的后山炸石和碎石以及整平道路等，村民们大部分时候都获偿付工资以及糖、米等日常必需品。这条公路有可能也附设了供轨道车行驶的铁轨及电话线。这条由日军督建的公路，成为边佳兰史上第一条在真正意义上连通沿海各村落的公共交通工程，并一直沿用到二战后。

依边佳兰华人耆老的说法，或说日本人运矿船一出海就被打沉了，又或称日本人才刚把矿开采出来，战争就结束了。而据历史档案文献记载，日据期间五湾矿山其实总共开采了四万五千四百五十吨铝土矿。讽刺的是，由于日本的海路交通在战争后期遭受盟军不断攻击阻截，最终能成功出口到日本的边佳兰铝土矿，只有仅仅三千四百五十吨。更加啼笑皆非的是，那批战时来不及运回日本的四万吨铝土矿，战后依旧是由日本人花钱买下，从边佳兰运回日本。

无论如何，战争结束后，南岸铝土矿山作为"敌产"被柔佛政

图57　五湾旧码头桥墩

资料来源：莫家浩摄于二〇一六年

府没收，但由于加拿大铝业公司仍持有二战前五湾矿山的合法产权，所以顺理成章地从政府手中取回该矿山，从一九五〇年代起，以"拉勿尼亚铝土公司"（Ramunia Bauxite Company）的名义继续在当地开采铝土矿，养活了边佳兰沿海好多人，也连带旺了毗邻的四湾岛村，更让五湾的"学名"——直落拉勿尼亚（Teluk Ramunia）——成为从前我们地理课本里必背、考试必考的马来西亚铁矾土产地。无须学日本人兜远路，加拿大公司在五湾海边兴建矿场码头，矿石可以从这里直接装载货轮，运往海外提炼。矿场早已停运多年，如今的码头仅存一座座形似鸟居的巨大桥墩，近年也成为游人打卡、拍婚纱照的景点。

事过境迁，我们或许很难再证明五湾的"日本支沟"与日本人之间的确凿关系。不过如果各位将来有机会来边佳兰兜风，除了在四湾吃龙虾、五湾桥墩打卡，也不妨在路边找一找"日本支沟"的踪影，感受历史的遗迹。

三、屠杀记忆

二〇一七年初，我与一批南方大学学院中文系学生前往新山市郊的马西（Masai）小镇的旧义山抄录墓碑，期间一共录得近百座包括清代和民国时期在内的墓碑资讯，对于理解十九世纪以降新山以东的地方历史发展颇有裨益。时光飞逝，二〇二二年，该义山终于在发展的巨轮下被彻底拾金，我闻讯重返故地，与当地德教会配合，尽量协助保存这些珍贵的历史证物。其中优先考量的，除了清代古墓碑，马西旧义山上还有一座年份不老但意义深重的总坟碑，值得旧事重提。

这座总墓，碑铭刻曰"日本蝗军屠杀殉难者总墓"，上款为"中华民国三十一年壬午一九四二/农历正月十五日"，下款为"岁次戊辰年二月十八日立"，没有立碑人资讯。查戊辰年应是公元一九八八年，说明目前所见之总坟碑属于一九八〇年代所立。早在二〇〇二年，安焕然带领的南方学院师生队伍便曾在马西进行口述历史访问，其中在当地耆老郭惠松先生提示下，拍下了这座总坟碑的照片，并收录在二〇〇四年出版的《潮人拓殖柔佛原始资料汇编》中，与我在二〇一七年见到的并无二致。根据二〇〇二年当地耆老的说法，这是"蝗军屠杀的总纪念墓"，"日军起初来的时候，他不管捉到谁……捉你就是杀……他要给一个威严给你看"。

既然是"蝗军屠杀的总纪念墓"，碑铭上款提到了壬午年（即公元一九四二年）的农历正月十五日便尤其值得考证。翻查二〇〇七年柔佛州中华总会编印重刊的《柔佛华侨殉难义烈史全辑》可知，有记录在册的日据期间马西殉难华侨人数为六十八人，其中二十八人皆被记载死于一九四二年的正月十五日，死因为"屠杀"或"为敌寇先锋队所杀"。此外，一九四二年正月十五日的屠杀，也是《柔佛华侨殉难义烈史全辑》中所记载，日据时期马西地区最早发生的华侨殉难记录。

由此可见，马西旧义山"日本蝗军屠杀殉难者总墓"碑铭，不仅可以印证马西耆老的口述记忆，也进一步显示了日军在一九四二年的正月十五日（阳历三月一日）于马西进行了第一次，

图58　马西旧义山的日本蝗军屠杀殉难者总墓

资料来源：莫家浩摄于二〇一七年

也可能是三年八个月期间规模最大的一次针对当地华侨的集体屠杀暴行。进一步阅读史料可知，马西正月十五屠杀的受害者有男有女，年龄介于一岁至七十三岁，可见此次屠杀并非针对抗日人员，而是将老弱妇孺也牵连在内。在这批殉难者当中还有五男二女共七位"无名氏"，年龄籍贯一概失载，备注栏中提及他们皆系"英政府移来本市避难者"。由此推断，这七位"无名氏"并非马西本地华侨，仅在战争爆发之际逃难至此，因此死后亦无人认识。尽管沦为无名氏，却依旧被史料书籍所记忆着。

我长久以来一直有个疑问：既然马西旧义山"日本蝗军屠杀殉难者总墓"立碑年份为一九八八年，那该总坟是否真有埋下日据时期的殉难者遗骨？去年拾金后，我在德教会朋友发来的总墓遗骸照片中，见到了不少子弹壳，算是某种佐证。然而谜团尚有不少，如总墓在一九八〇年代以前是否有立碑？过去是否有举行祭奠？屠杀地点具体又在哪儿？关于日据的记忆和传说又有多少流传至今？身为历史的学徒，我想我已习惯面对记录的空白处，此时人去山空，望向落下的斑斑石碑，面对飞逝的危难记忆，依旧惆怅。

四、女王驾到

边佳兰四湾育本学校的礼堂拱门两个前柱上，各嵌有一块大理石材质的碑刻，上有中英文碑铭，左右二碑的铭文不同，以中文为准，分别为"庆祝英女皇加冕／此碑敦请边佳兰马华会长／刘振

图59　四湾育本学校礼堂拱门，石碑嵌在前端左右两柱上
资料来源：莫家浩摄于二○一二年

标为本校奠基志念／一九五三年六月二日立"，以及"此碑为庆祝
英女皇伊丽莎白二世／加冕盛典并志念移殖官拜昔氏／对本校有功
由主席游雨生奠礼／时在一九五三年六月二日"。

　　首先，伊丽莎白二世确实在一九五三年六月二日举行加冕大
典，符合此二碑所志明的日期；与此同时，细读碑文也可得知，
本碑并非仅仅是为了纪念英女王加冕而立，还包括了纪念育本学
校奠基及移殖官贡献这两个目的。但老实说，边佳兰作为大英殖
民版图里毫不起眼的小角落，女王加冕远在天边，远不如另两件
事项贴近村民。

　　四湾育本学校的前身，最早可追溯至一九三七年创办的四湾

公立华侨学校，乃由张迪元倡办，并获张海晏、沈大梓及王诗焕回应，分别捐出校地、建筑材料和工资。一九三八年，新加坡《南洋商报》刊载了该校聘请校长及教员的广告，应聘条件为"初中或高级师范科毕业有文凭为证者""须具有两年以上教学经验""国语发音准确兼通闽南及客语等方言"以及"擅长国文英文算术并其他各科"，可见当时学校已是以新式教育为办学方针，在教授华语的同时，也兼顾四湾当地华人不同籍贯方言的客观条件。二战爆发、星马沦陷期间，四湾公立华侨学校亦停办。和平光复后，四湾先后出现了一所免费的"平民学校"及一所收费的"大众学校"，直到一九四八年，此二校才合并，与二战前一样命名为"公立华侨学校"。

　　一九五二年，处于紧急状态之下，政府在四湾岛积极征地，将周遭村落居民迁入，重新规划街区，大大改变了当地村景面貌及人口数目。四湾华侨学校也在这一年面对搬迁与扩建的挑战。一九五三年三月，政府向四湾华侨学校出示了新校舍图纸及拨款承诺，学校董事会于是成立了建校筹委会，三月底开始发出建筑招标广告。而华侨学校董事会也是在这个阶段，遵照教育局指令，将校名改为"育本学校"。时至五月，来自新山的建筑商得标，于是才会有六月二日建校工程奠基礼的举行。

　　至于四湾移殖官拜昔氏（F.L. Visick）及马华会长刘振标的大名为何会出现在碑铭中，最直接的原因或许是基于一九五三年六月二日的四湾英女王加冕纪念大会，是由拜昔氏本人在育本校舍前主持，礼成后则由时任边佳兰马华公会会长刘振标主持校舍奠基仪式。简言之，这两人都是当天的主宾。除此之外，说拜昔氏"对本校有功"，具体为何有待考证，但当时的移殖官（Resettlement Officer）在新村建立过程中的权力很大，学校得以在短短三个月时间敲定搬迁并动工，至少可以相信拜昔氏应该并无多加刁难；至于为何是由刘振标主持奠基，原因可能更简单：在校舍建筑经费上，校方向马华公会申请了两万元补助，占了总开销的三分之一。

我曾在四湾听闻过一则"乡野传说"：当年英女王在登基前曾巡游列国，期间更到访过四湾，很多人都见过她。按理说，大英公主若真有来过边佳兰，肯定是则大新闻，然而在我遍寻资料的过程中，却从未见过相关记载。凑巧的是，时任英国驻马最高专员、积极推动新村计划的邓普勒爵士（Sir Gerald Walter Robert Templer）伉俪曾在一九五三年六月下旬到访四湾，邓普勒夫人更在育本学校巡视女童军，并给予训话。如果这便是"英女王到访"的真相，一场美丽的误会，也同样成就了一地独有的新村记忆。斯人已逝，愿传说不老。

五、一九六九的火

一九六九年五月十三日，新山。

晚间八时许，阿娥的母亲乘坐小叔开的车，从新山郊外的农场，驱车赶回直律街与沙林路交交处的木屋区，急急忙忙告诉家人从收音机里听来的消息："上面"乱了，暴动了，戒严了。

此时就读宽柔中学初中三年级的阿娥，犹记得一九六四年新加坡种族暴动那一夜，新山一片风声鹤唳的紧张气氛。此时母亲慌张的神情，唤醒了她幼年耳濡目染的恐惧。即便如此，此时新山市区仍无异样，阿娥母亲只能嘱咐孩子们：今晚不要睡得太沉，因为听说"上面"有人会故意纵火，待人逃出住所时，便如何如何云云。

就这样，阿娥一家人怀着忐忑不安的心情入眠。凌晨，屋外忽传喧哗，惊醒的阿娥打开窗户一看，惊见火光冲天！此时一家大小早就慌了阵脚，把之前的叮嘱抛之脑后，赶忙摇醒还在熟睡的弟弟们，三步并作五步冲出屋子，却见屋外早已聚起一大群街坊。路对面的员警宿舍，警员们正对着木屋区呼喊，要大家快从屋子里出来避难，不要怕；邻居马来公务员的太太泣声不断，边哭边说："我们这里马来人和华人关系很好，我们不可以发生那种事……"

站在路边惊魂未定的阿娥此时才发现，原来着火的是她家左近的宽柔小学隔壁一栋浮脚屋。曾在新山南洋鞋厂当女工的阿娥母亲认识这户人家，是当时南洋鞋厂秘书黄金阶一家人。住在屋后平房的印度人一家，生怕火势蔓延，虽早已把家中细软打包挪至屋外，仍不忘操起长竿子，不断敲击浮脚屋墙板窗户，催促屋里的人赶紧逃生。

由于浮脚屋楼板下堆积了大量胶鞋的边角料，以致火势异常猛烈。不知是否出于恐慌，熊熊烈火当前，阿娥仍然感到冷风嗖嗖，想回屋里拿条长裤帮弟弟穿上，两手却哆嗦得无论如何都套不进弟弟的双腿。慌乱中，只见黄金阶一家人陆续逃出火海，其妻女被烧伤，所幸无性命之虞。救火车也来到火灾现场灌救，令火势不至于延烧到周围民居。街坊有人言之凿凿，说昨晚起火时，看到一个黑影遁走。回到房里，阿娥心有余悸，注定一夜无眠。隔天一早，大人上班，孩童上课，宽柔小学隔壁多了一栋灾后废墟，除此之外，仿佛一切如常。

故事里的阿娥，就是我母亲。今年没得拜年，过年待在家里，闲聊间不知不觉便细说起当初这件往事。好奇的我也没闲着，查阅史料，确实找到当年关于这场火灾的新闻报道。报道中黄金阶受访时说，由于他的三名孩子当时人在吉隆坡，他夫妻为关心局势发展，守在电视机前看新闻，直到凌晨一点多才就寝。岂料短短十五分钟后，便突然发现屋下着火。若不是因为那夜吉隆坡的事情，他俩早点入睡的话，恐怕就凶多吉少了。

那么，坊间流传的黑影，是事故抑或人为？我不是名侦探，自然查不出个所以然。唯稍微梳理史料，发现当时罢工不断的新山南洋鞋厂，在短短一年内就两度遭遇祝融。看来，触犯火劫的霉运，竟也在那一夜溢出鞋厂厂房，殃及池鱼了。

一九六九年五月那一夜的新山，顶多也只能算是虚惊一场，待太阳升起，便烟去无痕。深夜的一场火将真相都掩埋在灰烬下，新山近四十年来的都市发展，也彻底抹去了那曾是三大民族患难与共的城中木屋区。而旁观历史的我们，记忆中好像什么也没失去，又似乎永远失去了什么。